PUBLICISTAS

DIREITO ADMINISTRATIVO SOB TENSÃO

Volume 2

FSC
MISTO
Papel
FSC® C092828

CARBON
NEUTRAL
SAVE
cerrado

CARLOS ARI SUNDFELD
EDUARDO JORDÃO
EGON BOCKMANN MOREIRA
FLORIANO DE AZEVEDO MARQUES NETO
GUSTAVO BINENBOJM
JOSÉ VICENTE SANTOS DE MENDONÇA
JACINTHO ARRUDA CÂMARA
MARÇAL JUSTEN FILHO
MARIANA MOTA PRADO
VERA MONTEIRO

PUBLICISTAS

DIREITO ADMINISTRATIVO SOB TENSÃO

Volume 2

Belo Horizonte
FÓRUM
CONHECIMENTO JURÍDICO
2023

FORUM
CONHECIMENTO JURÍDICO

Luís Cláudio Rodrigues Ferreira
Presidente e Editor

Coordenação editorial: Leonardo Eustáquio Siqueira Araújo
Aline Sobreira de Oliveira

Rua Paulo Ribeiro Bastos, 211 – Jardim Atlântico – CEP 31710-430
Belo Horizonte – Minas Gerais – Tel.: (31) 99412.0131
www.editoraforum.com.br – editoraforum@editoraforum.com.br

Técnica. Empenho. Zelo. Esses foram alguns dos cuidados aplicados na edição desta obra. No entanto, podem ocorrer erros de impressão, digitação ou mesmo restar alguma dúvida conceitual. Caso se constate algo assim, solicitamos a gentileza de nos comunicar através do *e-mail* editorial@editoraforum.com.br para que possamos esclarecer, no que couber. A sua contribuição é muito importante para mantermos a excelência editorial. A Editora Fórum agradece a sua contribuição.

Dados Internacionais de Catalogação na Publicação (CIP) de acordo com ISBD

P976 Publicistas: direito administrativo sob tensão / Carlos Ari Sundfeld, Eduardo Jordão, Egon Bockmann Moreira, Floriano de Azevedo Marques Neto, Gustavo Binenbojm, José Vicente Santos de Mendonça, Jacintho Arruda Câmara, Marçal Justen Filho, Mariana Mota Prado, Vera Monteiro. Belo Horizonte: Fórum, 2023. v. 2.

224 p. 14,5x21,5cm
v. 2
ISBN 978-65-5518-591-1

1. Improbidade Administrativa. 2. LINDB. 3. Nova Lei de Licitações. 4. Contratos administrativos. 5. Concessões de serviço público. 6. Serviço público. 7. Empresas estatais. 8. Processo administrativo. 9. Reforma administrativa. 10. Regulação econômica. 11. Controle administrativo. 12. Arbitragem administrativo. I. Sundfeld, Carlos Ari. II. Jordão, Eduardo. III. Moreira, Egon Bockmann. IV. Marques Neto, Floriano de Azevedo. V. Binenbojm, Gustavo. VI. Mendonça, José Vicente Santos de. VII. Câmara, Jacintho Arruda. VIII. Justen Filho, Marçal. IX. Prado, Mariana Mota. X. Monteiro, Vera. XI. Título.

CDD: 342
CDU: 342

Ficha catalográfica elaborada por Lissandra Ruas Lima – CRB/6 – 2851

Informação bibliográfica deste livro, conforme a NBR 6023:2018 da Associação Brasileira de Normas Técnicas (ABNT):

SUNDFELD, Carlos Ari et al. *Publicistas*: direito administrativo sob tensão. Belo Horizonte: Fórum, 2023. v. 2. 224 p. ISBN 978-65-5518-591-1.

SUMÁRIO

PARTE III

LEI DE LICITAÇÕES E CONTRATOS ADMINISTRATIVOS

PARTE IV

CONCESSÕES E AUTORIZAÇÕES

PARTE V

TARIFAS NOS SERVIÇOS CONCEDIDOS

PARTE VI

EMPRESAS ESTATAIS

PARTE VII

PROCESSOS ADMINISTRATIVOS

PARTE VIII

REFORMAS PARA O DIREITO ADMINISTRATIVO

PARTE IX

AUTONOMIA ADMINISTRATIVA NA REGULAÇÃO

PARTE XIII

DIREITO ADMINISTRATIVO E CONSTITUIÇÃO

PARTE XIV

DIREITO ADMINISTRATIVO NA DEFESA DA DEMOCRACIA

PARTE XVII

DIREITO ADMINISTRATIVO NA ACADEMIA

APRESENTAÇÃO

Ah, o desafio do segundo volume... Muitos grupos, colocados diante da questão sobre como continuar depois de um primeiro sucesso, optam por reciclar os clássicos. Aqui, não. Nosso propósito ainda é o de tratar o Direito Administrativo sob perspectiva crítica e realista, mas o conjunto de 86 artigos curtos, publicados originalmente no *site JOTA. Info*, investiga novidades e revisita novas perspectivas para assuntos canônicos. A tensão, felizmente, continua.

Não poderia ser diferente. No período de tempo em que os textos aqui reunidos foram elaborados, por exemplo, o Direito Administrativo brasileiro, para falar só do plano normativo, ganhou uma lei de licitações e de contratos públicos e vivenciou uma bem-vinda alteração na lei de improbidade. E o Direito Público como um todo sobreviveu, construindo e resistindo, a anormalidades de toda sorte. Quando os monografistas estrangeiros falam de crise do Direito Administrativo e olham para a erosão de fronteiras da União Europeia ou para a falência de categorias tradicionais, poderiam olhar para o nosso Direito Administrativo. De crise entendemos como poucos.

A divisão dos tópicos foi pensada para agrupar e destacar temas úteis ao operador e ao estudante. De início, artigos que tratam da improbidade administrativa, com destaque para as alterações trazidas pela Lei nº 14.230. Em seguida, textos que analisam os desafios trazidos pelas alterações à Lei de Introdução ao Direito Brasileiro. Não poderia faltar o estudo da Nova Lei de Licitações e Contratos Administrativos e um capítulo sobre concessões e autorizações. Também são enfrentados, em tópicos próprios, assuntos relacionados às tarifas nos serviços públicos concedidos, às empresas estatais e às mudanças, atuais e possíveis, nos processos administrativos. Há capítulos para as reformas no Direito Administrativo, a autonomia regulatória, o controle, o realismo e os exercícios empíricos, as fontes e a relação entre Direito Administrativo e Constituição. Os últimos quatro capítulos são transversais: analisam o inestimável papel do Direito Administrativo na defesa da democracia; recuperam assuntos esquecidos; indicam responsabilidades e responsáveis por fraturas institucionais; refletem sobre a academia e os acadêmicos na prática jurídica.

Como sempre, o fio condutor dos textos é o compromisso com a democracia, o valor da autoridade do argumento e não do argumento de autoridade, a leveza. Em tempos de certezas férreas, é melhor errar duvidando do que acertar só com a convicção. Diz o escritor chileno Alberto Fuguet: "Talvez esse não seja o momento de dar uma opinião. É o momento de mudar de opinião".

A leitora e o leitor ficam assim convidados a mudar a sua e a nossa opinião.

PARTE I

IMPROBIDADE ADMINISTRATIVA

INOVAÇÕES RELEVANTES DA LEI Nº 14.230 (REFORMA DA LEI DE IMPROBIDADE) – PUNIR POR IMPROBIDADE PRESSUPÕE DOLO COMPROVADO

MARÇAL JUSTEN FILHO

A mais notória alteração na Lei de Improbidade foi a eliminação do sancionamento por improbidade no caso de culpa. Mas as inovações envolveram muitas outras questões. Algumas merecem destaque específico.

A Lei nº 14.230 definiu dolo, afastando posição que confundia voluntariedade e intencionalidade e previu que "A ilegalidade sem a presença de dolo que a qualifique não configura ato de improbidade".

A improbidade nas hipóteses do art. 10 da Lei nº 8.429 depende da prova do efetivo prejuízo, não sendo admissíveis presunções ou ficções quanto a isso.

Foi restringido o sancionamento por infração a princípios e o elenco do art. 11 tornou-se exaustivo. Em tais hipóteses, foi eliminada a suspensão de direitos políticos e a perda da função pública.

A punição ao terceiro depende da efetiva coautoria na produção da improbidade por agente público, sendo insuficiente a obtenção de vantagem indevida. É vedada a desconsideração automática da pessoa jurídica, sem observância da disciplina do CPC. E, em hipóteses de reorganização societária, o sucessor responde pelos danos até o limite do patrimônio recebido, mas não se sujeita às demais sanções (inclusive vedação à contratação com o poder público), ressalvados casos de simulação ou intuito de fraude.

A punição em caso de divergência hermenêutica foi eliminada, o que já era preconizado no art. 24 da LINDB. A prevalência posterior de orientação distinta não configura improbidade.

O Ministério Público foi investido de legitimidade ativa privativa para ação de improbidade, cujo ajuizamento depende de prova satisfatória da existência e da autoria.

Foi vedada a condenação sem instrução específica. A sentença absolutória não se sujeita a reexame necessário. É nula a condenação por fundamento diverso daquele definido de modo prévio e formal. A motivação da condenação deve seguir exigências já previstas na LINDB e no CPC.

O prazo prescricional, que passou a ser de oito anos, corre a partir da data da conduta. O ajuizamento da ação interrompe a prescrição, que recomeça o seu curso pela metade.

Houve exacerbação de algumas punições. Mas a Lei nº 14.230 preocupou-se com a proporcionalidade da sanção e vedou a prática do *bis in idem*. O sancionamento da pessoa jurídica privada fundado na Lei Anticorrupção afasta as sanções pela Lei de Improbidade. E as punições impostas ao réu em virtude dos mesmos fatos devem ser consideradas para efeito de improbidade. Admite-se, inclusive, a unificação das sanções em fase de execução de sentença.

A Lei nº 14.230 elimina a banalização da ação de improbidade e a sua utilização em casos destituídos de grande reprovabilidade. É necessário reservar a punição por improbidade para situações diferenciadas, sem eliminar o combate intransigente à corrupção e à lesão ao erário. A multiplicação de ações de improbidade, que se eternizam sem julgamento, e a punição por conduta culposa não auxiliam no combate à corrupção. Aliás, até prejudicam.

Informação bibliográfica deste texto, conforme a NBR 6023:2018 da Associação Brasileira de Normas Técnicas (ABNT):

JUSTEN FILHO, Marçal. Inovações relevantes da Lei nº 14.230 (Reforma da Lei de Improbidade) – Punir por improbidade pressupõe dolo comprovado. *In*: SUNDFELD, Carlos Ari; JORDÃO, Eduardo; MOREIRA, Egon Bockmann; MARQUES NETO, Floriano de Azevedo; BINENBOJM, Gustavo; MENDONÇA, José Vicente Santos de; CÂMARA, Jacintho Arruda; JUSTEN FILHO, Marçal; PRADO, Mariana Mota; MONTEIRO, Vera. *Publicistas*: direito administrativo sob tensão. Belo Horizonte: Fórum, 2023. v. 2. p. 19-20. ISBN 978-65-5518-591-1.

A MULTIPLICIDADE INSTITUCIONAL NA LEI DE IMPROBIDADE ADMINISTRATIVA – A NÃO EXCLUSIVIDADE DO MINISTÉRIO PÚBLICO PARA AÇÕES DE IMPROBIDADE TALVEZ RESOLVA UM PROBLEMA, MAS É DIFÍCIL TER CERTEZA SEM DADOS EMPÍRICOS

MARIANA MOTA PRADO

Em outubro de 2021, foi aprovada a nova Lei de Improbidade Administrativa, impondo mudanças significativas nesse importante instrumento de combate à corrupção. Como notaram Floriano de Azevedo Marques e Vera Monteiro, algumas mudanças são bem-vindas e outras nem tanto. Uma delas foi a competência exclusiva do Ministério Público para propor tais ações, que o STF declarou inconstitucional. A decisão pode resolver um problema significativo, mas pode também agravar abusos.

Ao dar competência exclusiva ao Ministério Público, a nova lei eliminava a possibilidade de que o ente da Administração lesado ingressasse com a ação de improbidade. Como Victor Aguiar de Carvalho e Rafael Tonicelli articularam, tal medida reduziria a multiplicidade institucional no combate à corrupção no Brasil. A multiplicidade institucional, que explorei em uma série de publicações, refere-se a arranjos nos quais várias instituições têm a capacidade de desempenhar a mesma função dentro de um regime jurídico. Essa redundância permite que uma instituição entre em cena caso a outra falhe. A decisão do STF manteve a multiplicidade institucional e, portanto, preservou a possibilidade de outra instituição atuar caso o Ministério Público não tenha recursos para ingressar com a ação de improbidade, ou esteja capturado.

Seria a preservação da multiplicidade institucional uma razão para celebrar a decisão? Em artigo nessa coluna, Carlos Ari Sundfeld argumentou que as entidades administrativas têm outros instrumentos para atuar diretamente contra corrupção e combater a improbidade administrativa. Portanto, a reforma legislativa não teria eliminado a multiplicidade institucional e talvez o STF tenha resolvido um problema que não existia. Além disso, há o risco de a corte ter reintroduzido um problema que o legislador tentava resolver. Ao dar exclusividade ao Ministério Público, o legislador tentou reduzir o risco de as ações de improbidade serem utilizadas para propósitos políticos. O STF pode ter apenas ressuscitado o problema.

A questão é espinhosa e aponta para a necessidade de usar mais evidência empírica para informar propostas legislativas e decisões judiciais. A escolha entre manter ou não a multiplicidade institucional seria mais útil caso tivesse sido baseada em análise cuidadosa do percentual das ações de improbidade propostas pela advocacia pública, e de quantas dessas podem ser consideradas abusivas. Talvez o problema de abuso não seja significativo, como assume o legislador. Caso esse percentual seja significativamente maior do que o número de ações propostas por propósitos legítimos, talvez a exclusividade do Ministério Público se justifique. Se o percentual de abuso for mais alto em municípios, e relativamente baixo no nível estadual ou federal, talvez a exclusividade pudesse ser mantida apenas para certos níveis da federação. Mas para justificar tal exclusividade de forma ampla ou restrita, precisaríamos também investigar se as ações de improbidade propostas pelo Ministério Público não podem ser também abusivas e, caso sejam, com qual frequência isso ocorre. Se todas as instituições envolvidas podem atuar de maneira abusiva e o fazem com frequência, a multiplicidade institucional é parte do problema, ao invés de solução.

Informação bibliográfica deste texto, conforme a NBR 6023:2018 da Associação Brasileira de Normas Técnicas (ABNT):

PRADO, Mariana Mota. A multiplicidade institucional na Lei de Improbidade Administrativa – A não exclusividade do Ministério Público para ações de improbidade talvez resolva um problema, mas é difícil ter certeza sem dados empíricos. *In*: SUNDFELD, Carlos Ari; JORDÃO, Eduardo; MOREIRA, Egon Bockmann; MARQUES NETO, Floriano de Azevedo; BINENBOJM, Gustavo; MENDONÇA, José Vicente Santos de; CÂMARA, Jacintho Arruda; JUSTEN FILHO, Marçal; PRADO, Mariana Mota; MONTEIRO, Vera. *Publicistas*: direito administrativo sob tensão. Belo Horizonte: Fórum, 2023. v. 2. p. 21-22. ISBN 978-65-5518-591-1.

A ADVOCACIA PÚBLICA NÃO DEPENDE DA AÇÃO DE IMPROBIDADE – MINISTRO DO STF ESVAZIA SOZINHO E SEM JUSTIFICATIVA A NOVA LEI DE IMPROBIDADE

CARLOS ARI SUNDFELD

A reforma da Lei de Improbidade (LIA) em 2021 alcançou a advocacia pública.

Primeira mudança: "a assessoria jurídica que emitiu o parecer atestando a legalidade prévia dos atos administrativos praticados pelo administrador público ficará obrigada a defendê-lo judicialmente, caso este venha a responder ação por improbidade administrativa, até que a decisão transite em julgado" (art. 17, §20).

A norma tratou da defesa do ato que, vindo de construção coletiva, institucional, não possa ser imputado a um só agente. Usou a mesma solução do mandado de segurança: embora a autoridade coatora (pessoa física) seja notificada e preste informações, a advocacia pública defende o ato (Lei nº 12.016, arts. 7º, II, e 9º).

Se, em ação de improbidade, o gestor se vê atacado por ato igualmente institucional – isto é, orientado pela advocacia pública – a defesa privada não é suficiente. Está em jogo a conduta da própria entidade e a advocacia pública tem de atuar.

Segunda mudança: o Ministério Público terá monopólio da ação de improbidade (art. 17, *caput*). Deixou de haver ação de improbidade da "pessoa jurídica interessada".

A correção era necessária.

Segundo as leis de contratação pública, empresa ímproba deve ser sancionada pela Administração Pública, sem ação judicial. Para punir servidor ímprobo também não é preciso ir a juízo: basta o processo administrativo disciplinar (LIA, art. 14, §3º). Na luta contra a improbidade, é correto priorizar a via administrativa, mais imediata.

Para reparação civil de prejuízos por ilegalidades, a advocacia pública dispõe das ações de indenização (a comum, do Código de Processo Civil, e a ação civil pública da Lei nº 7.347, com amplas medidas cautelares). Para sanções judiciais mais duras por corrupção empresarial (perdimento de bens, interdição etc.), ela pode usar a ação de responsabilização da Lei Anticorrupção (Lei nº 12.846).

Em suma: é só o MP que depende da ação de improbidade para combater a improbidade. A Administração Pública tem meios próprios – e bem poderosos.

Por que, então, algumas advocacias públicas recorriam a essa ação?

Uma das razões é perigosa: poupar autoridades administrativas de demitir servidores ímprobos e punir empresas corruptoras, assumindo o protagonismo. Ao invés da execução de ofício e da eficiência administrativa, a comodidade de empurrar o caso para as morosidades da Justiça.

Há também uma esperteza, imoral e injusta: fugir do risco de sucumbência, que não existe na ação de improbidade, mas, sim, nas demais, como é correto (inclusive na ação civil pública da Lei nº 7.347, que só isentou as associações).

Infelizmente, um só ministro do STF barrou as duas mudanças da LIA.

Suspendeu o §20 do art. 17 sem explicação.

Contra o *caput*, aceitou a alegação de que ele "caracteriza uma espécie de monopólio absoluto do combate à corrupção ao Ministério Público" e impede entes públicos de propor ações civis públicas.

Não é verdade, como vimos.

Se o STF usasse sempre decisões colegiadas, diminuiria o risco de erros assim.

Informação bibliográfica deste texto, conforme a NBR 6023:2018 da Associação Brasileira de Normas Técnicas (ABNT):

SUNDFELD, Carlos Ari. A advocacia pública não depende da ação de improbidade – Ministro do STF esvazia sozinho e sem justificativa a Nova Lei de Improbidade. *In*: SUNDFELD, Carlos Ari; JORDÃO, Eduardo; MOREIRA, Egon Bockmann; MARQUES NETO, Floriano de Azevedo; BINENBOJM, Gustavo; MENDONÇA, José Vicente Santos de; CÂMARA, Jacintho Arruda; JUSTEN FILHO, Marçal; PRADO, Mariana Mota; MONTEIRO, Vera. *Publicistas*: direito administrativo sob tensão. Belo Horizonte: Fórum, 2023. v. 2. p. 23-24. ISBN 978-65-5518-591-1.

A SUSPENSÃO DOS DIREITOS POLÍTICOS E O MINISTÉRIO PÚBLICO – A LEI Nº 14.230 CORRIGIU UMA FALHA AO ATRIBUIR AO MP A LEGITIMIDADE ATIVA PRIVATIVA PARA A AÇÃO DE IMPROBIDADE

MARÇAL JUSTEN FILHO

Carlos Ari comentou, em artigo anterior, a decisão liminar do STF suspendendo a atribuição ao Ministério Público da legitimidade ativa exclusiva para a ação de improbidade. Faço considerações adicionais.

A previsão legal é constitucional. Inconstitucional era a solução anterior, que reconhecia legitimidade ativa também à entidade administrativa lesada.

A punição primordial por improbidade é a suspensão dos direitos políticos. A sanção reflete a repulsa a quem se prevaleceu da função pública para obter vantagens indevidas, lesar os cofres públicos ou infringir princípios administrativos essenciais.

Os danos sofridos não impõem a legitimidade ativa da Administração para a ação de improbidade. Na ação de improbidade, tal como se passa com os crimes contra a Administração Pública, incumbe ao Ministério Público exercer a pretensão punitiva no interesse da comunidade em geral. A sentença condenatória impõe punição ao infrator no interesse da sociedade, não para satisfazer interesse próprio e pessoal do autor da ação.

O interesse da pessoa estatal, vítima da improbidade, quanto à indenização pelos prejuízos (se houver) e à imposição da sanção administrativa pela infração, pode ser satisfeito por vias específicas, no âmbito de processo administrativo ou por ação comum.

A Lei de Improbidade não eliminou a ação de indenização, que pode ser exercitada pela entidade vítima da improbidade. Aliás, a ação de improbidade não é a via mais simples e rápida para obter a recomposição dos prejuízos sofridos pela Administração. Afinal, numa ação comum, a condenação a indenizar os prejuízos sofridos pela Administração não depende da comprovação de dolo específico.

As práticas de corrupção, envolvendo pessoas jurídicas, são reprimidas no âmbito da Lei nº 12.846, que consagra soluções muito mais severas do que as previstas na Lei de Improbidade.

É verdade que a ação de improbidade pode abranger a indenização pelos prejuízos e a perda da função pública, além de outras sanções. Mas essas não são as suas finalidades essenciais. São condenações de cunho acessório e complementar. A cumulação num único processo decorre da economia processual e visa à segurança jurídica. Aliás, assim também se passa no processo penal, em que a condenação torna certa a obrigação de indenizar o dano causado pelo crime (CP, art. 91, I).

Não se pode admitir que a suspensão dos direitos políticos seja perseguida no contexto de interesses de diferentes agentes políticos. Uma das causas (ainda que não única) da banalização da ação de improbidade era a sua utilização como instrumento de disputas partidárias. A finalidade buscada, em muitos casos, era afastar o desafeto político. Isso servia, quando menos, ao discurso eleitoral e resultava em ações promovidas sem a presença dos pressupostos necessários.

Portanto, a previsão original do art. 17 da Lei de Improbidade é que padecia de defeito. A Lei nº 14.230 corrigiu a falha. Tomara que o STF não restaure o equívoco.

Informação bibliográfica deste texto, conforme a NBR 6023:2018 da Associação Brasileira de Normas Técnicas (ABNT):

JUSTEN FILHO, Marçal. A suspensão dos direitos políticos e o Ministério Público – A Lei nº 14.230 corrigiu uma falha ao atribuir ao MP a legitimidade ativa privativa para a ação de improbidade. *In*: SUNDFELD, Carlos Ari; JORDÃO, Eduardo; MOREIRA, Egon Bockmann; MARQUES NETO, Floriano de Azevedo; BINENBOJM, Gustavo; MENDONÇA, José Vicente Santos de; CÂMARA, Jacintho Arruda; JUSTEN FILHO, Marçal; PRADO, Mariana Mota; MONTEIRO, Vera. *Publicistas*: direito administrativo sob tensão. Belo Horizonte: Fórum, 2023. v. 2. p. 25-26. ISBN 978-65-5518-591-1.

PARTE II

O DIREITO ADMINISTRATIVO NA NOVA LINDB

DIREITO ADMINISTRATIVO: O NOVO OLHAR DA LINDB – SEGURANÇA JURÍDICA, PRAGMATISMO E EMPATIA COM OS GESTORES INSPIRAM A NOVA LITERATURA DO DIREITO ADMINISTRATIVO

CARLOS ARI SUNDFELD

A Lei nº 13.655, quando saiu em 2018, fez mais que ampliar a velha LINDB, em favor da segurança jurídica, pragmatismo e empatia com os gestores. Ela fortaleceu de tal modo ideias e vínculos de um grupo de amigos que eles trabalham juntos até hoje.

A velha LINDB completará 80 anos em setembro. Sua reforma fez 4 anos. E esta coluna do *Jota*, com alguns desses amigos, já comemorou o 2º aniversário e gerou o livro *Publicistas – Direito administrativo sob tensão* (Ed. Fórum, 2022).

A mesma editora acaba de lançar outro livro: *Direito administrativo: o novo olhar da LINDB*. Este é meu. Enquanto o fazia, senti-me viajando com colegas publicistas.

A obra inicia com os controles públicos, sobre os quais Eduardo Jordão tem livro novo (estou doido para ler: *Estudos antirromânticos sobre controle da Administração Pública*, Ed. JusPodivm), e André Rosilho e eu organizamos, *TCU no direito e na realidade* (Ed. Almedina, 2021).

Depois, conto o porquê de fazer da LINDB uma lei bússola do direito público. Isso remete a Floriano Azevedo Marques Neto, que dividiu comigo a autoria do anteprojeto de lei. Também ao José Vicente Santos de Mendonça que, ainda em 2016, o analisou em *Dois futuros (e meio) para o projeto de lei do Carlos Ari* (título típico dele). E à Juliana Palma, que fez a mais extensa pesquisa da gênese da reforma.

Outro capítulo amplia estudo meu com Camila Castro Neves e, além de esmiuçar vários dispositivos, faz sua conexão com o direito administrativo que emergiu na década de 1990 – tudo a ver com reforma regulatória (criticada à época, mas defendida em livros de Marçal Justen Filho, sobre agências reguladoras, e Vera Monteiro, sobre concessões) e com as leis de processo administrativo (o autor aqui é Egon Bockmann Moreira).

O capítulo sobre invalidade dos contratos administrativos e a LINDB vem de estudos meus com Jacintho Arruda Câmara (que publicou tese sobre o assunto, da qual nos deve a reedição). Atualizei-os por conta da Nova Lei de Contratações Públicas, de 2021.

Depois trato do art. 24, que proíbe a retroação das orientações novas, aspecto da segurança jurídica que pesquiso há anos com Guilherme Jardim Jurksaitis, Liandro Domingos, Rodrigo Pagani de Souza e Yasser Gabriel.

Há um capítulo sobre sanções administrativas e a LINDB, também extensão de pesquisa com Camila, focada no famoso art. 28. Nele, a lei trouxe "a cláusula geral do erro administrativo", como a definiu Gustavo Binenbojm em artigo com André Cyrino (edição especial da *Revista de Direito Administrativo – RDA* sobre a nova LINDB, que nós, Publicistas, fizemos em outubro de 2018). Ela influiria na reforma na Lei de Improbidade em 2021, como mostro no livro.

No capítulo final, parceria com Alice Voronoff, o tema é o art. 27, ao qual ninguém prestou muita atenção, e ainda vai ter impacto em responsabilidade e sucumbência. Podem conferir.

Dediquei o livro a Roberta Alexandr Sundfeld, que me soprou o título. Sem ela, não haveria a Sociedade Brasileira de Direito Público – sbdp, que deu origem a tudo.

Informação bibliográfica deste texto, conforme a NBR 6023:2018 da Associação Brasileira de Normas Técnicas (ABNT):

SUNDFELD, Carlos Ari. Direito administrativo: o novo olhar da LINDB – Segurança jurídica, pragmatismo e empatia com os gestores inspiram a nova literatura do direito administrativo. *In*: SUNDFELD, Carlos Ari; JORDÃO, Eduardo; MOREIRA, Egon Bockmann; MARQUES NETO, Floriano de Azevedo; BINENBOJM, Gustavo; MENDONÇA, José Vicente Santos de; CÂMARA, Jacintho Arruda; JUSTEN FILHO, Marçal; PRADO, Mariana Mota; MONTEIRO, Vera. *Publicistas*: direito administrativo sob tensão. Belo Horizonte: Fórum, 2023. v. 2. p. 29-30. ISBN 978-65-5518-591-1.

LUDISMO JUDICIAL E O RECONHECIMENTO FACIAL EM SERVIÇOS PÚBLICOS – DECISÕES TÊM DE ANALISAR CONSEQUÊNCIAS, NÃO BARRAR TECNOLOGIAS COM TEMORES VAGOS

FLORIANO DE AZEVEDO MARQUES NETO

Recente decisão determinou que o Metrô suspenda a implementação de tecnologia de reconhecimento facial nas suas estações. A liminar alega complexidade técnica e incerteza. A inicial afirmara que a tecnologia ameaça potencialmente os direitos humanos: seus algoritmos tenderiam a "discriminar pessoas negras, trans e não binárias", violando a LGPD.

Como toda inovação, esta também traz discussões jurídicas. Porém, o direito deve tratar estes desafios a partir de um detido esforço consequencialista e de motivação. Deve enfrentar os problemas, não a tecnologia. Do contrário, bloqueia-se o novo só por ser desconhecido.

A decisão, ainda que apoiada em cautela, tem equívocos. De fundo e de forma.

Somos permanentemente monitorados e gravados. Nas ruas, em locais públicos e privados. Fotografam-nos em qualquer portaria de edifício comercial. Câmeras captam e gravam crimes, sendo importante meio de prova para identificação e condenação dos responsáveis. Isso não torna aceitável o uso ou a comercialização de informações pessoais recolhidas. O mesmo vale para o reconhecimento facial. O desafio não está na tecnologia, mas no uso que dela se der. A LGPD se volta a regrar o tratamento dos dados pessoais, não a ferramenta para a sua coleta.

Diariamente milhares cedem, tacitamente, suas características faciais a empresas que fabricam e operam os modernos celulares. Fazemos o mesmo nas redes sociais. E não se proíbe o emprego destas ferramentas. Disciplinamos o uso destes dados.

A LGPD afirma que ela não se aplica à coleta de dados destinada exclusivamente à segurança pública (art. 4º, III, "a"), o que parece ser o caso. Mas veda o tratamento desses dados por pessoas de direito privado. Portanto, seu uso pelo Poder Público não é conjectura, mas obrigação legal (§2º). Diariamente são praticados crimes, abusos e assédio sexual em trens e estações. Racismo, sexismo, homofobia também podem ser combatidos por esses recursos. Coibir essas condutas é necessário.

Tecnologias devem ser avaliadas sem preconceito. O reconhecimento facial pode conter algoritmos falhos. Mas só há violação se a informação coletada gerar condutas discriminatórias ou abusivas.

Câmeras comuns de monitoramento não dependem de algoritmo. Mas as imagens podem servir de base a comportamentos abusivos se operadas por agente racista ou misógino. Pessoas pretas e trans são mais abordadas pela polícia, não por força de algoritmos. Todos esses comportamentos, inaceitáveis, devem ser combatidos. Mas independem da tecnologia empregada.

Há ainda um problema de forma na decisão judicial. Sua motivação é superficial. Sob alegação de sopesar consequências, descumpre o art. 20 da LINDB. Avaliação de consequências práticas tem de mostrar a necessidade e a adequação em face das possíveis alternativas. Não é exercício retórico.

Com essa decisão o Judiciário erra o foco. Os ludistas queimavam os teares mecânicos para defender o trabalhador. A decisão barra a tecnologia com medo de seu mal uso. Perde a oportunidade para discutir o que é realmente relevante.

Informação bibliográfica deste texto, conforme a NBR 6023:2018 da Associação Brasileira de Normas Técnicas (ABNT):

MARQUES NETO, Floriano de Azevedo. Ludismo judicial e o reconhecimento facial em serviços públicos – Decisões têm de analisar consequências, não barrar tecnologias com temores vagos. *In*: SUNDFELD, Carlos Ari; JORDÃO, Eduardo; MOREIRA, Egon Bockmann; MARQUES NETO, Floriano de Azevedo; BINENBOJM, Gustavo; MENDONÇA, José Vicente Santos de; CÂMARA, Jacintho Arruda; JUSTEN FILHO, Marçal; PRADO, Mariana Mota; MONTEIRO, Vera. *Publicistas*: direito administrativo sob tensão. Belo Horizonte: Fórum, 2023. v. 2. p. 31-32. ISBN 978-65-5518-591-1.

REGIMES DE TRANSIÇÃO NO DIREITO ADMINISTRATIVO – ART. 23 DA LINDB É A CLÁUSULA LEGISLATIVA GERAL A EXIGIR NORMAS DE HARMONIZAÇÃO ENTRE INOVAÇÃO E PROTEÇÃO DA SEGURANÇA JURÍDICA; MAS É PONTO DE PARTIDA, NÃO SOLUÇÃO PRONTA

GUSTAVO BINENBOJM

O direito administrativo brasileiro experimentou, nas últimas décadas, duas vertentes de transformação, concomitantes e paralelas. De um lado, um giro democrático-constitucional promoveu a revisão de seus antigos paradigmas, até então predominantemente centrados na operacionalização de objetivos estatais, dando lugar a uma teleologia que passa a incluir preocupações com direitos fundamentais. De outra banda, um giro pragmático impôs nova postura e métodos de trabalho, focados agora em análises contextuais e na avaliação das consequências concretas das interpretações e escolhas públicas.

O art. 23 da LINDB, introduzido pela Lei nº 13.655/2018, cria uma espécie de autorizativo genérico para a instituição de regimes de transição. Trata-se de norma destinada a promover a necessária harmonia entre inovação democrática e segurança jurídica. Busca-se, assim, garantir alguma previsibilidade na própria mudança. A norma atende a ambas as vertentes de transformação do direito administrativo: enxerga-o como forma de proteção de direitos, mas se preocupa com resultados práticos e condizentes com os objetivos do legislador.

Dois importantes livros realçam as potencialidades do novo dispositivo. Em *Segurança jurídica e regras de transição nos processos judicial e administrativo: introdução ao art. 23 da LINDB*, Antonio do Passo Cabral ensina que a proteção da segurança jurídica como *imutabilidade ou inalterabilidade* – fundada numa perspectiva estática – passou a admitir também uma perspectiva mais dinâmica e flexível, por ele denominada *continuidade jurídica*. Caberá à autoridade competente definir o conteúdo da regra de transição a ser aplicada: além da modulação temporal dos efeitos da decisão, cogita da compensação financeira, da ajuda de adaptação e de cláusulas de exceção e opção.

Já em *As normas de transição no direito administrativo: possibilidades, parâmetros de aplicabilidade e limites do art. 23 da LINDB*, de Dante Silva Tomaz, o leitor encontrará um itinerário teórico sólido para se instituírem regimes de transição. O autor propõe um procedimento em três etapas: (I) a necessidade de identificação de uma situação jurídica consolidada; (II) a legítima expectativa do afetado na manutenção da situação pretérita ou que a mudança normativa afete *funcionamentos essenciais*; e (III) que o bem jurídico tutelado pelo regime de transição se sobreponha ao interesse social que justificou a decisão inovadora. A decisão pela necessidade do regime transicional e a definição de seu conteúdo dependerão da análise dessas etapas.

O art. 23 da LINDB é importante primeiro passo no sentido de um balanceamento mais adequado entre inovação e proteção da segurança jurídica. Mas a lei nunca se basta. Em tempos permanentemente cambiantes, só a mudança é estável, exigindo contínuas transições, em diferentes e aprimorados formatos. Para construí-los, é preciso pensar fora da caixa e dar impulso ao ciclo da superação do velho pelo novo. Isso é precisamente o que nos oferecem Antonio Cabral e Dante Tomaz em seus preciosos livros.

Informação bibliográfica deste texto, conforme a NBR 6023:2018 da Associação Brasileira de Normas Técnicas (ABNT):

BINENBOJM, Gustavo. Regimes de transição no direito administrativo – Art. 23 da LINDB é a cláusula legislativa geral a exigir normas de harmonização entre inovação e proteção da segurança jurídica; mas é ponto de partida, não solução pronta. *In*: SUNDFELD, Carlos Ari; JORDÃO, Eduardo; MOREIRA, Egon Bockmann; MARQUES NETO, Floriano de Azevedo; BINENBOJM, Gustavo; MENDONÇA, José Vicente Santos de; CÂMARA, Jacintho Arruda; JUSTEN FILHO, Marçal; PRADO, Mariana Mota; MONTEIRO, Vera. *Publicistas*: direito administrativo sob tensão. Belo Horizonte: Fórum, 2023. v. 2. p. 33-34. ISBN 978-65-5518-591-1.

CONSEQUÊNCIAS IMPORTAM? – PESQUISA INÉDITA SUGERE QUE O ART. 20 DA NOVA LINDB PÔS O DEDO NA FERIDA

CARLOS ARI SUNDFELD

Há cinco anos, a Lei nº 13.655 reformou a Lei de Introdução às Normas do Direito Brasileiro – LINDB. Desde então, ela tem influído amplamente no debate acadêmico e já inspirou outras reformas, como nas leis da improbidade e das contratações públicas, ambas de 2021.

Há um ponto em que a obediência à lei ainda parece incerta. A Nova LINDB, em seu art. 20, exigiu que o gestor, o juiz ou o controlador, antes de decidirem "com base em valores jurídicos abstratos", considerem as possíveis "consequências práticas" das decisões que imaginarem.

Ao contrário do que alguns críticos andaram dizendo, a norma não mandou desprezar as regras jurídicas e analisar consequências. Tratou de coisa bem diversa: das decisões construídas a partir de princípios abertos.

E o que ela disse? Que o juízo de adequação jurídica de tais decisões não pode se limitar à análise da compatibilidade lógica entre seu conteúdo e os valores jurídicos que a autoridade quer proteger.

Para o art. 20 da Nova LINDB, o juízo tem de ir mais longe, testando ainda a adequação das consequências prováveis das decisões. Isso não é simples, como acadêmicos vêm apontando (uma síntese neste artigo de Fernando Leal). Mas é vital. A função pública não é para ser fácil.

Só que parece haver problema maior, revelado em pesquisa sobre os posicionamentos éticos dos brasileiros, que Álvaro Machado Dias e Hélio Schwartsman conceberam e divulgaram em artigo na *Folha de S.Paulo*.

Para julgar se uma ação é certa ou errada, 66,1% dos brasileiros preferem fazê-lo com base na intencionalidade de quem a pratica, não nas consequências que ela provoca (logo, brasileiros são mais principistas). De outro lado, apenas 33,9% priorizam as consequências (são mais consequencialistas).

Esses dados sugerem que, contrariando o art. 20 da Nova LINDB, cerca de 2/3 dos gestores, juízes e controladores do Brasil tendem a decidir como se consequências importassem menos do que intenções.

Mais um dado da pesquisa, a que tive acesso pelo próprio Hélio Schwartsman, levanta outra preocupação. Os principistas tendem a enxergar o mundo com lentes bem mais negativas: entre consequencialistas, há equilíbrio entre os que vêm o mundo como aprazível ou hostil (31% x 32%); já entre principistas, a visão pessimista predomina com folga (36%) sobre a otimista (24%).

É possível inferir, então, que gestores, juízes e controladores principistas (cerca de 2/3 do total) tendem a intervir bem mais que os consequencialistas nas situações do mundo, pois costumam vê-las como negativas.

A mistura é arriscada: agentes públicos com mais incentivos para agir como reformadores do mundo (lembrando aqui a imagem de Monteiro Lobato) valorizam mais as próprias intenções do que as consequências que suas decisões de fato geram.

Quer dizer: para a Nova LINDB pegar em definitivo, tem de haver um maciço esforço de demonstração do valor do consequencialismo no campo público. Um desafio, mas é o caminho para fazer as autoridades diminuírem os desvios na aplicação dos famosos princípios.

Informação bibliográfica deste texto, conforme a NBR 6023:2018 da Associação Brasileira de Normas Técnicas (ABNT):

SUNDFELD, Carlos Ari. Consequências importam? – Pesquisa inédita sugere que o art. 20 da Nova LINDB pôs o dedo na ferida. *In*: SUNDFELD, Carlos Ari; JORDÃO, Eduardo; MOREIRA, Egon Bockmann; MARQUES NETO, Floriano de Azevedo; BINENBOJM, Gustavo; MENDONÇA, José Vicente Santos de; CÂMARA, Jacintho Arruda; JUSTEN FILHO, Marçal; PRADO, Mariana Mota; MONTEIRO, Vera. *Publicistas*: direito administrativo sob tensão. Belo Horizonte: Fórum, 2023. v. 2. p. 35-36. ISBN 978-65-5518-591-1.

OS ADMINISTRATIVISTAS E NOSSAS PREVISÕES AGOURENTAS – ANTES DOS ESTUDOS DE IMPACTO REGULATÓRIO, O DIREITO ADMINISTRATIVO BRASILEIRO CONVIVEU COM OS MAUS PRESSÁGIOS DOS ADMINISTRATIVISTAS

JACINTHO ARRUDA CÂMARA

É comum, na virada do ano, surgirem previsões sobre o futuro. Nós, administrativistas, costumamos lançá-las o ano inteiro. Parece boa estratégia para evitar a concorrência dos oráculos de *réveillon*. Nossas premonições são direcionadas a normas recém-aprovadas ou a seus projetos.

A maioria dessas previsões é pessimista. Quanto pior, melhor. Pelo menos para o adivinho, que ganha respeito por sua seriedade, coragem e, claro, sabedoria de antever a catástrofe inevitável. Qualquer mudança é para pior; essa é a tendência dos vaticínios.

Arrisco diagnóstico com base no olhômetro puro e autossuficiente, como fazemos ao lançar projeções. Nosso índice de acerto deve se equiparar ao dos papagaios de realejo. Normal. Não é fácil prever o futuro. Há, contudo, uma característica indesejável dessa prática. Essas projeções, mesmo não confirmadas, acabam usadas como referência em aulas de graduação, pesquisas de pós-graduação e decisões judiciais, como se fossem verdades.

Reuni exemplos de previsões que, embora não tenham se confirmado, ainda repercutem como se verdadeiras fossem:

– "A transferência dos contratos de concessão pode levar a fraude na licitação". O suposto risco chegou a influenciar votos no STF, que, depois de mais de 20 anos de vigência da regra, temeram por esse possível desvio, jamais apontado em concreto. Felizmente a realidade se impôs e a impugnação foi rejeitada pela maioria dos ministros.

– "O regime complementar da previdência especial dos servidores vai acabar com a atratividade da carreira pública". Ainda não foi percebido decréscimo no interesse pelas carreiras públicas. Ao contrário. Os inscritos em concursos públicos aumentam ano a ano.

– "A fase recursal única no pregão vai prejudicar o direito de recurso do licitante". O modelo foi experimentado, aprovado e estendido para as licitações em geral, sem oposição dos órgãos judicantes.

– "O orçamento sigiloso nas licitações induzirá ao vazamento de informações privilegiadas para direcionar os certames". As primeiras licitações realizadas com sigilo do orçamento apresentaram alto índice de frustação, devido à apresentação de valores acima do orçamento por todos os licitantes, a regra foi bem avaliada por órgãos de controle e incorporada à legislação geral.

– "A nova LINDB inviabilizará o controle da administração pública e protegerá corruptos". Órgãos de controle permanecem atuantes e não se demonstra redução na punibilidade de corruptos por causa de qualquer dispositivo novo introduzido na LINDB.

O agouro prejudica. Não é questão de superstição. Dificulta a execução das normas; distorce sua interpretação. É importante preservar o discurso jurídico de expectativas refutadas pela realidade. Projetar efeitos para as normas jurídicas é tarefa difícil e ainda em desenvolvimento no nosso país. É importante separar as projeções técnicas produzidas como requisito regulatório de meros palpites lançados sem base científica. O primeiro orienta a tomada de decisão; o segundo, geralmente, é só torcida contra.

Informação bibliográfica deste texto, conforme a NBR 6023:2018 da Associação Brasileira de Normas Técnicas (ABNT):

CÂMARA, Jacintho Arruda. Os administrativistas e nossas previsões agourentas – Antes dos estudos de impacto regulatório, o direito administrativo brasileiro conviveu com os maus presságios dos administrativistas. *In*: SUNDFELD, Carlos Ari; JORDÃO, Eduardo; MOREIRA, Egon Bockmann; MARQUES NETO, Floriano de Azevedo; BINENBOJM, Gustavo; MENDONÇA, José Vicente Santos de; CÂMARA, Jacintho Arruda; JUSTEN FILHO, Marçal; PRADO, Mariana Mota; MONTEIRO, Vera. *Publicistas*: direito administrativo sob tensão. Belo Horizonte: Fórum, 2023. v. 2. p. 37-38. ISBN 978-65-5518-591-1.

PARTE III

LEI DE LICITAÇÕES E CONTRATOS ADMINISTRATIVOS

A MAIOR VIRTUDE DA NOVA LEI DE LICITAÇÕES É SIMPLESMENTE EXISTIR – PARA O DIREITO ADMINISTRATIVO, 2021 FOI UM ANO E TANTO

JOSÉ VICENTE SANTOS DE MENDONÇA

Ainda faltam uns 20 dias para o fim do ano, mas já podemos chamar a saideira. 2021 foi um ano e tanto para o direito administrativo. Comecemos pelo impossível: em 1993, Itamar Franco relançava o Fusca; Clinton assumia nos EUA. Mas, para o direito administrativo, o que importava era a edição da Lei nº 8.666/93. Minuciosa, detalhista, seria ela o remédio para a corrupção nas compras públicas?

Não foi, e vivemos décadas comendo-lhe as beiras, aprovando leis que modernizavam o regime. Contudo, a 8.666 ficava lá, paradona, bovina e flácida, monumento neurastênico a si própria. Pois principia a morrer a desgraçada. A Nova Lei de Licitações, que, é claro, ainda tem muito de Lei nº 8.666, faz lá suas gracinhas (um portal, um diálogo competitivo), mas sua maior virtude é – como diria o bilhetinho brega do namorado – simplesmente existir.

Também se espera que a Lei de Improbidade, outra legislação alterada em 2021, deixe de meter medo injusto. Sem culpa, mas com um dolo acertado, exigindo prova de prejuízo e limitando um pouco a preguiça dos princípios (a ver), alterou prazos de prescrição e restringiu a legitimidade ativa da ação de improbidade ao Ministério Público. Há certa disputa de narrativas acerca de seus méritos últimos, mas a impressão que se tem é a de que só mexer no vespeiro já é qualquer coisa de muito. Diga-se ao legislador o que o bêbado, na blitz, falou ao motorista abstêmio: andou bem.

No plano da organização administrativa, tivemos a autorização para a privatização da Eletrobras, mas vai na velocidade da cartinha a privatização dos Correios. A reforma administrativa andou, andou, até que desidratou – e não saiu do lugar, era uma viagem redonda. Alterou-se, ainda, a lei do processo administrativo federal, criando a esperança de uma decisão administrativa menos descoordenada.

Talvez a decisão judicial mais importante para o direito administrativo tenha sido o julgamento da ADI nº 6.696, em que o Supremo Tribunal Federal (STF) reconheceu a validade de norma que, de origem parlamentar, fixou certas garantias de neutralidade aos diretores do Banco Central. Agora já no finalzinho do ano, o Supremo validou as alterações no Marco Legal do Saneamento (ADIs nºs 6.492, 6.536, 6.583 e 6.882). Era esperado, mas não deixa de ser uma afirmação de bom senso.

Na prática da infraestrutura, tivemos o leilão da Cedae e do 5G, eventos bastante aguardados. Consolida-se a arbitragem pública e se critica – como em todos os anos – a judicialização excessiva. E, por falar em excessivo, o Tribunal de Contas da União (TCU) confirmou que, em sua opinião, é ele quem manda mesmo e acabou.

Mas, como eu ia dizendo, já podemos chamar a saideira e brindar as leis mortas, as leis vivas e as leis muito vivas.

Informação bibliográfica deste texto, conforme a NBR 6023:2018 da Associação Brasileira de Normas Técnicas (ABNT):

MENDONÇA, José Vicente Santos de. A maior virtude da nova Lei de Licitações é simplesmente existir – Para o direito administrativo, 2021 foi um ano e tanto. *In*: SUNDFELD, Carlos Ari; JORDÃO, Eduardo; MOREIRA, Egon Bockmann; MARQUES NETO, Floriano de Azevedo; BINENBOJM, Gustavo; MENDONÇA, José Vicente Santos de; CÂMARA, Jacintho Arruda; JUSTEN FILHO, Marçal; PRADO, Mariana Mota; MONTEIRO, Vera. *Publicistas*: direito administrativo sob tensão. Belo Horizonte: Fórum, 2023. v. 2. p. 41-42. ISBN 978-65-5518-591-1.

NOVA LEI DE LICITAÇÕES: MAXIMALISTA, PORÉM FLEXÍVEL – HOUVE UMA MUDANÇA SILENCIOSA DE PARADIGMA NAS LICITAÇÕES: O ADMINISTRADOR GANHOU MAIOR PODER DE GESTÃO

JACINTHO ARRUDA CÂMARA

A Nova Lei de Licitações – Lei nº 14.133, de 2021 – é extensa. Maior do que sua predecessora, a Lei nº 8.666, de 1993, que já era criticada por sua dimensão e detalhismo. Essa característica a fez receber a pecha de maximalista. Mas ela merece receber, por sua extensão, o mesmo tipo de crítica lançado sobre a legislação anterior? Acredito que não. Vale o alerta de Egon Bockmann Moreira de que a nova lei não deve ser interpretada com os olhos no passado.

A Lei nº 8.666 era extensa e rígida. Seu claro propósito era limitar a discricionariedade do gestor, visando a inibir desvios de conduta. Esse caminho não atendeu às expectativas. A percepção de desvios nas contratações permaneceu elevada. Talvez até tenha aumentado ao longo de suas quase três décadas de vigência. Além de não ter alcançado o fim pretendido, sua excessiva rigidez gerou consequência prejudicial: limitou muito a capacidade de gestão do administrador público.

Essa característica contribuiu para o processo de "fuga da licitação" (ampliação das hipóteses legais de contratação direta). Por ser difícil e ineficiente contratar com a Lei nº 8.666, optava-se por criar novas hipóteses de dispensa sempre que a contratação exigia maior agilidade ou cuidado na escolha do contratado. As alternativas eram extremas: ou se contratava mediante o procedimento inadequado da Lei nº 8.666, ou se buscava o enquadramento em hipótese de contratação direta (chegando-se a criar uma nova para tanto).

A legislação até então buscava, em regra, limitar o espaço decisório do gestor. Na Lei nº 8.666, as modalidades de licitação eram definidas com base no valor do contrato, a sequência de fases era única, os critérios de julgamento eram estanques e levavam em conta fundamentalmente o preço, a proposta tinha de ser lançada por escrito, lacrada e não admitia disputa posterior, para lembrar apenas de aspectos centrais do procedimento. A Lei do Pregão (Lei nº 10.520, de 2002), apesar de proporcionar maior eficiência, também era rígida. O critério de julgamento, a sequência de fases do procedimento, o modo de formulação de propostas, todos esses aspectos eram rigidamente impostos pela lei.

A nova lei, embora maximalista, é bem mais flexível do que as anteriores. Ela admite opções em pontos essenciais do procedimento licitatório. O gestor pode estabelecer a sequência de fases do procedimento em qualquer modalidade licitatória. Também é possível escolher entre fórmulas de apresentação de propostas. Mesmo o critério de julgamento mais rígido, que é o menor preço, surgiu com novidades que admitem variações. Sobre este último aspecto, escrevi artigo nessa coluna.

A maior liberdade de atuação nos procedimentos licitatórios é caraterística relevante da nova lei por permitir o aperfeiçoamento da gestão pública. Nesse ponto houve evolução. É importante que os gestores percebam e empreguem essa competência mais larga para aprimorar seus processos. Não é por ser maximalista que a nova lei deve ser tomada como camisa de força para as contratações públicas.

Informação bibliográfica deste texto, conforme a NBR 6023:2018 da Associação Brasileira de Normas Técnicas (ABNT):

CÂMARA, Jacintho Arruda. Nova Lei de Licitações: maximalista, porém flexível – Houve uma mudança silenciosa de paradigma nas licitações: o administrador ganhou maior poder de gestão. *In*: SUNDFELD, Carlos Ari; JORDÃO, Eduardo; MOREIRA, Egon Bockmann; MARQUES NETO, Floriano de Azevedo; BINENBOJM, Gustavo; MENDONÇA, José Vicente Santos de; CÂMARA, Jacintho Arruda; JUSTEN FILHO, Marçal; PRADO, Mariana Mota; MONTEIRO, Vera. *Publicistas*: direito administrativo sob tensão. Belo Horizonte: Fórum, 2023. v. 2. p. 43-44. ISBN 978-65-5518-591-1.

MP Nº 1.167 E PROCESSOS ESTRUTURAIS – SÃO NECESSÁRIAS PROVIDÊNCIAS PRÁTICAS PARA A EFETIVA APLICAÇÃO DA LEI Nº 14.133

MARÇAL JUSTEN FILHO

Muitos acham que o adiamento da revogação da Lei nº 8.666 determinado pela MP nº 1.167 foi uma providência inútil. Dizem que, se os estados e municípios não adotaram as providências para aplicar a Lei nº 14.133 em dois anos, não irão fazê-lo em mais alguns meses. A MP apenas teria adiado o problema para dezembro.

Qual a solução se municípios e estados não se dispuserem espontaneamente a implantar a Lei nº 14.133? Uma alternativa seria a punição. A autoridade responsável infringe os seus deveres funcionais ao omitir as providências necessárias à aplicação de lei. O art. 169, §1º, da Lei nº 14.133 prevê a responsabilidade da "alta administração" pela implementação das práticas de governança e controle.

Mas há outra alternativa, envolvendo os ditos "processos estruturais". O instituto surgiu na jurisprudência dos EUA. Envolveu a adoção pelo Judiciário de medidas concretas e não necessariamente cogentes, dirigidas preponderantemente à Administração Pública e orientadas à realização de valores fundamentais.

O processo estrutural não se destina a compor um litígio específico, nem a decidir a quem cabe razão numa controvérsia. É orientado a implementar alterações estruturais em certo estado de coisas, sob coordenação do Poder Judiciário. Em princípio, as soluções resultam do consenso entre os interessados. Se necessário, são emitidas determinações às autoridades competentes para alterar a situação existente. O Poder Judiciário acompanha a atuação dessas autoridades, alterando e acrescentando as providências adequadas e necessárias.

O instituto tem sido adotado no âmbito do STF, em diversas oportunidades, ao longo dos últimos vinte anos. Muitas vezes, isso ocorreu no bojo de uma ação de descumprimento de preceito fundamental – ADPF.

Mas a solução pode ser praticada também no âmbito dos órgãos de controle externo da Administração Pública. Essa alternativa foi apontada com maestria por Fernando Menegat (*Direito administrativo e processo estrutural*, Lumen Juris, 2022).

A efetiva implantação da Lei nº 14.133 por municípios e estados pode resultar de processos estruturais conduzidos pelos órgãos de controle externo. No caso, a competência é dos tribunais de contas dos estados e municípios ou da Justiça estadual.

Num primeiro momento, cabe uma solução consensual, com participação das autoridades administrativas e das instituições da sociedade. Avaliam-se as dificuldades e as necessidades de cada ente e é elaborado um plano consensual para implementar a lei. O efetivo cumprimento desse plano ocorre em etapa posterior, sob acompanhamento da autoridade controladora. Pode-se cogitar de sancionamento em caso de omissão ou descumprimento pela autoridade aos deveres assumidos.

A solução não é muito distinta daquelas que têm sido adotadas pelo STF e pelo TCU, em várias oportunidades.

É imperioso evitar que a Lei nº 14.133 se transforme numa mera ilusão e que o regime das licitações e contratações administrativas atinja um caos insuportável.

Informação bibliográfica deste texto, conforme a NBR 6023:2018 da Associação Brasileira de Normas Técnicas (ABNT):

JUSTEN FILHO, Marçal. MP nº 1.167 e processos estruturais – São necessárias providências práticas para a efetiva aplicação da Lei nº 14.133. *In*: SUNDFELD, Carlos Ari; JORDÃO, Eduardo; MOREIRA, Egon Bockmann; MARQUES NETO, Floriano de Azevedo; BINENBOJM, Gustavo; MENDONÇA, José Vicente Santos de; CÂMARA, Jacintho Arruda; JUSTEN FILHO, Marçal; PRADO, Mariana Mota; MONTEIRO, Vera. *Publicistas*: direito administrativo sob tensão. Belo Horizonte: Fórum, 2023. v. 2. p. 45-46. ISBN 978-65-5518-591-1.

ADMINISTRAÇÃO PÚBLICA POR CONTRATO NO NOSSO TEMPO – A FRAGMENTAÇÃO E A INFLAÇÃO LEGISLATIVAS EM MATÉRIA DE CONTRATOS PÚBLICOS SÃO UM PROBLEMA?

VERA MONTEIRO

Em 9.9.2022 acontecerá o Encontro Luso-Brasileiro de Professores de Direito Administrativo na Faculdade de Direito da Universidade de Coimbra. Organizado por Egon Bockmann Moreira e Pedro Costa Gonçalves, serão três painéis: segurança jurídica em tempos de incerteza; Administração Pública por contrato no nosso tempo; e discricionariedade administrativa (fronteiras entre controle e deferência). São temas clássicos, mas com borogodó. O que eles têm de atrativo não está nos manuais. Está no nosso tempo e na dinâmica dos poderes.

Estarei no painel que tem o contrato como tema central, dialogando com José Vicente Santos de Mendonça e Flávio Amaral Garcia, no lado brasileiro. O time português é formado por Maria João Estorninho, Suzana Tavares da Silva e Licínio Lopes Martins.

Em 1822, há exatos 200 anos, Visconde de Uruguai (1807-1866) concluía seu curso no colégio e se preparava para se matricular na Universidade de Coimbra e de lá sair bacharel. Ele nasceu em Paris, era filho de pai brasileiro, cursou até o quarto ano de Direito em Coimbra e concluiu o curso na Faculdade de Direito de São Paulo. É dele o primeiro livro importante de direito administrativo no Brasil (*Ensaio sobre o direito administrativo*, 1862).

Além da coincidência do local onde os administrativistas luso-brasileiros se encontrarão, o que nos une ao Visconde do Uruguai é também a oportunidade de pensar um novo projeto para o direito administrativo brasileiro.

O *Ensaio* argumentava que em um país sem tradição como o nosso seria melhor regular tudo, para prevenir abusos. Inspirou-se na França para fazer ecoar entre nós outras tantas ideias, como a de que o direito administrativo é um direito especial. A dicotomia público-privado está em toda a obra do Visconde de Uruguai. Mais tarde, isso influiria na crença de que contratos públicos são uma categoria toda própria, diferentemente de países que não distinguem contratos públicos de privados.

Mas não nos tornamos um Estado francês. Aqui vingou um fetiche cego pela ideia de que tudo em matéria de contrato público precisa estar autorizado em lei no seu sentido formal. Houve multiplicação de regras e apego à ideia teórica de que contrato público se opõe ao privado. Contrato de obra, de prestação de serviços e de fornecimento, contrato de eficiência, contratação integrada e semi-integrada, concessão de uso de bens, de serviços públicos, de obras, de serviços econômicos e sociais, encomenda tecnológica, contrato público de solução inovadora e por aí vai. Também há o contrato de autonomia entre entes públicos. E os termos do terceiro setor, que não se dizem contratos, mas muitas vezes se assemelham a eles.

A fragmentação e a inflação legislativas desordenadas em matéria de contratos públicos que sobreveio no Brasil são um grave problema. Elas geram disfuncionalidade do controle e problema de operação do sistema. É um modelo que serve mais a interesses, e, talvez, a uma ideologia, do que à formação de um repertório sobre contratos e suas melhores práticas.

Informação bibliográfica deste texto, conforme a NBR 6023:2018 da Associação Brasileira de Normas Técnicas (ABNT):

MONTEIRO, Vera. Administração Pública por contrato no nosso tempo – A fragmentação e a inflação legislativas em matéria de contratos públicos são um problema?. *In*: SUNDFELD, Carlos Ari; JORDÃO, Eduardo; MOREIRA, Egon Bockmann; MARQUES NETO, Floriano de Azevedo; BINENBOJM, Gustavo; MENDONÇA, José Vicente Santos de; CÂMARA, Jacintho Arruda; JUSTEN FILHO, Marçal; PRADO, Mariana Mota; MONTEIRO, Vera. *Publicistas*: direito administrativo sob tensão. Belo Horizonte: Fórum, 2023. v. 2. p. 47-48. ISBN 978-65-5518-591-1.

PARCERIA DO TERCEIRO SETOR É ESPÉCIE DE CONTRATO ESTATAL – A LEGISLAÇÃO EM TIRAS ATRAPALHA A VISÃO DO TODO

VERA MONTEIRO

Na sede da Câmara Municipal paulistana funciona o projeto social do *Restaurante-Escola*, que consiste em oferecer cursos de qualificação a pessoas em situação de vulnerabilidade social com vistas a inseri-las no mercado de trabalho. O restaurante é gerido por organização da sociedade civil sem fins lucrativos e o projeto é, em parte, financiado pela receita da comercialização de refeições preparadas pelos alunos, o que contribui para reduzir o montante de repasse do orçamento público.

O *Theatro Municipal de São Paulo* é gerido por uma organização social. Os custos de manutenção e operação do equipamento são parcialmente financiados com receita da comercialização de ingressos, cessão onerosa dos espaços para instalação de restaurantes, patrocínio e outras fontes alternativas de receitas.

O *Parque do Ibirapuera* é gerido por uma concessionária privada, via contrato de concessão. O *Mercado Municipal* paulistano também. Foram atribuídos à concessionária a gestão e os serviços de restauro, bem como os investimentos e custos de manutenção pela exploração econômica do próprio equipamento. Já o *Parque Burle Marx* é gerido por uma fundação privada, via acordo de cooperação.

O que esses casos têm em comum? Revelam que não há regime jurídico único para transferir a particular a gestão de serviço, bem ou utilidade pública e que parcerias com *entidades sem fins lucrativos* também têm sido utilizadas para transferir ao privado o ônus de gerir e captar recursos, inclusive mediante exploração do próprio bem envolvido na parceria, para viabilizar serviços de manutenção, operação e melhorias, diminuindo o montante de repasses públicos.

A legislação do terceiro setor (fundamentalmente o MROSC e as organizações sociais) tem potencial para servir de base legal para muitos negócios, mas é frequentemente usada pela lente de um direito administrativo que ainda vê neste tipo de parceria pactos simplórios.

Mas ela também serve para a celebração de projetos com ênfase em resultado e com potencial de desonerar, ainda que parcialmente, o Estado da obrigação de suportar serviços sociais, pois: a) existem vários instrumentos contratuais aptos para vincular recursos orçamentários na realização de atividades fomentadas pelo Estado; b) a legislação permite a contratualização de repasses orçamentários, variável conforme o alcance de metas e indicadores de desempenho pelo parceiro privado, independentemente da natureza fixa ou variável dos custos do projeto social; c) estes instrumentos também permitem que a seleção do parceiro privado se dê pela análise de proposta técnica combinada com proposta comercial; e d) o bom controle das parcerias se dá pela análise de seu resultado, mas, para isso, é fundamental prévio planejamento e desenho do negócio social.

Em síntese, as parcerias do terceiro setor podem ser desenhadas de variadas maneiras, em muitos casos se assemelhando a típicos contratos administrativos. Isto, por si só, não é um problema jurídico. Boas técnicas contratuais são transversais.

Informação bibliográfica deste texto, conforme a NBR 6023:2018 da Associação Brasileira de Normas Técnicas (ABNT):

MONTEIRO, Vera. Parceria do terceiro setor é espécie de contrato estatal – A legislação em tiras atrapalha a visão do todo. *In*: SUNDFELD, Carlos Ari; JORDÃO, Eduardo; MOREIRA, Egon Bockmann; MARQUES NETO, Floriano de Azevedo; BINENBOJM, Gustavo; MENDONÇA, José Vicente Santos de; CÂMARA, Jacintho Arruda; JUSTEN FILHO, Marçal; PRADO, Mariana Mota; MONTEIRO, Vera. *Publicistas*: direito administrativo sob tensão. Belo Horizonte: Fórum, 2023. v. 2. p. 49-50. ISBN 978-65-5518-591-1.

CONTRATAÇÃO DE CONSULTORIA PELA ADMINISTRAÇÃO PÚBLICA – IDEIA PARA SUPERAR O IMPASSE NÃO RESOLVIDO PELA LEI DE CONTRATAÇÕES DE 2021

VERA MONTEIRO

Como a Administração Pública contrata serviços de consultoria, de auditoria, de elaboração de pareceres técnicos e de trabalhos predominantemente intelectuais?

O Estado do Mato Grosso do Sul aprovou a Lei nº 5.829, de 22.3.2022, que autoriza o Escritório de Parcerias (EPE) e outros órgãos estaduais responsáveis por projetos de parceria a se utilizarem de "suporte técnico externo de profissionais, empresas ou entidades de elevada especialização, por eles selecionados em processo de inexigibilidade, sendo facultada sua seleção entre potenciais interessados, incluídos em lista de três ou mais, que atendam a requisitos adequados de habilitação e que, em função de suas qualidades ou atuação anterior, tenham condições de estabelecer relação de confiança com os órgãos e as entidades contratantes" (art. 5º, §1º). E segue dizendo que "as propostas devem ser analisadas com base em juízo técnico-discricionário motivado, de modo a assegurar serviços confiáveis, de elevada qualidade, a preços compatíveis e em prazos adequados" (art. 5º, §2º).

A lei institucionalizou o procedimento que o Banco Mundial usa em tais casos (a carta-convite). A escolha será feita de modo a prestigiar o melhor custo e benefício para a administração (o tal "juízo técnico-discricionário motivado"). O critério de comparação é subjetivo, pois sua execução envolverá a experiência de seu executor e a especial criatividade para atender aos parâmetros técnicos fixados pela Administração.

A regra é importante porque dá ao ente público a possibilidade de escolher o prestador dos serviços por meio de procedimento que se inicie com pedido de apresentação de propostas a convidados identificados em uma *short list*, e que pode ser decidido pela avaliação do melhor custo e benefício oferecido ao contratante.

O foco imediato da proposta é superar um dos principais gargalos na implantação de infraestrutura no país: a contratação de consultoria empresarial, econômica e jurídica para a estruturação de projetos de parceria e revisão dos marcos legais setoriais.

A contratação por *inexigibilidade de licitação* (art. 74 da lei de contratações de 2021 e art. 25 da lei de 1993) tem cabimento quando é inviável a competição entre os interessados em contratar. As razões da inviabilidade são variadas, entre as quais se destacam a existência de um único prestador de serviço, ou a necessidade administrativa de *serviços técnicos* prestados por profissionais notoriamente especializados. Na lei anterior havia a exigência expressa de que o serviço fosse de natureza *singular*.

O traço da *singularidade*, aferível caso a caso para o enquadramento da hipótese de inexigibilidade de licitação, sempre foi alvo de disputa ideológica. De um lado, o STF, em várias oportunidades, ressaltou a inexistência do dever de licitar quando presentes os requisitos da relevância do trabalho contratado, da confiança entre a Administração e o contratado e da notória especialização do prestador de serviço. De outro, os gestores públicos permaneceram resistentes por ainda enxergarem alto e indevido risco de judicialização.

A lei de licitações de 2021 não enfrentou o problema. A pontual mudança de redação já nasce com disputa. Por isso, a solução do Estado do MS é boa. Traz segurança para o gestor e para o prestador de serviço. Vale lembrar que o BNDES também regulamentou o tema, tendo recebido o aval do TCU (Ac. nº 1.744/2021).

Informação bibliográfica deste texto, conforme a NBR 6023:2018 da Associação Brasileira de Normas Técnicas (ABNT):

MONTEIRO, Vera. Contratação de consultoria pela Administração Pública – Ideia para superar o impasse não resolvido pela lei de contratações de 2021. *In*: SUNDFELD, Carlos Ari; JORDÃO, Eduardo; MOREIRA, Egon Bockmann; MARQUES NETO, Floriano de Azevedo; BINENBOJM, Gustavo; MENDONÇA, José Vicente Santos de; CÂMARA, Jacintho Arruda; JUSTEN FILHO, Marçal; PRADO, Mariana Mota; MONTEIRO, Vera. *Publicistas*: direito administrativo sob tensão. Belo Horizonte: Fórum, 2023. v. 2. p. 51-52. ISBN 978-65-5518-591-1.

PARTE IV

CONCESSÕES E AUTORIZAÇÕES

NOVO MARCO DO SANEAMENTO: DOIS ANOS DE DESAFIOS REGULATÓRIOS – A NECESSIDADE DE REPENSAR O FEDERALISMO DE COOPERAÇÃO

EGON BOCKMANN MOREIRA

A Lei nº 14.026, de 15.7.2020, causou alvoroço no setor de saneamento básico brasileiro. Ao estatuir o novo marco setorial, também foi bulir em competências federativas, em contratos e capacidades normativas. Concebeu um setor orientado por regulação multinível e multifontes.

Tradicionalmente, os serviços de saneamento eram tidos como de competência municipal (seriam de interesse local). Mas isso foi posto em xeque devido a dois motivos: a incapacidade, técnica e financeira, de boa parte dos municípios de gerir tais bens e serviços, unida à integração geográfica decorrente da captação da água (em outros municípios) e do lançamento do esgotamento sanitário (também em outros municípios). Embora os serviços possam ser de titularidade municipal, sua exploração envolve interesses mais amplos, plurifederativos.

Estamos diante, portanto, de peculiar desafio ao federalismo brasileiro, que demanda boas doses de pragmatismo. Afinal, o Novo Marco do Saneamento positivou sistema regulatório multinível e multifontes, estruturado em contratos e redes de autoridades independentes, agora – quem sabe – lideradas por uma agência reguladora federal, a ANA.

A lei procurou viabilizar a convivência entre normas oriundas de pessoas com estaturas diversas (embora nem todas organizadas hierarquicamente) e, no interior dessas pessoas, advindas de fontes normativas distintas (Constituição, leis federais, estaduais e municipais, convênios de cooperação, regulamentos administrativos, estatutos societários de estatais e, a mais importante de todas, os próprios contratos de concessão).

O que exige do intérprete – e dos aplicadores – esforço hermenêutico, a fim de harmonizar e tornar eficiente o exercício de tais competências. Pode-se falar em parâmetros de compatibilização entre as competências gerais (de União e estados) e as específicas (dos municípios), orientadas pelos princípios federativos da subsidiariedade e da cooperação.

De igual modo, as competências específicas dos municípios não podem inviabilizar as competências gerais (União e estados). Está-se diante de tensões entre o local e o nacional (com suas diretrizes) e entre o local e o interesse comum de regiões metropolitanas e consórcios públicos.

O interesse local, por mais forte, marcante e pragmático que seja, não pode ultrapassar duas fronteiras: as geográficas e as normativas (regulamentares, conveniais e contratuais). Nesses casos, os municípios estão limitados.

Em termos de teoria das instituições, o federalismo e a repartição de competências ainda são pontos desafiadores em matéria de saneamento básico. Requerem a delimitação e a integração de responsabilidades, bem como a uniformização da forma de atuação de todos. Numa só palavra, exige-se governança.

Ainda mais do que isso, o importante é todos se conscientizarem do dever de respeito às fontes normativas – desde a Constituição até os contratos – o que só será eficiente sob a perspectiva de um federalismo cooperativo.

Informação bibliográfica deste texto, conforme a NBR 6023:2018 da Associação Brasileira de Normas Técnicas (ABNT):

MOREIRA, Egon Bockmann. Novo Marco do Saneamento: dois anos de desafios regulatórios – A necessidade de repensar o federalismo de cooperação. *In*: SUNDFELD, Carlos Ari; JORDÃO, Eduardo; MOREIRA, Egon Bockmann; MARQUES NETO, Floriano de Azevedo; BINENBOJM, Gustavo; MENDONÇA, José Vicente Santos de; CÂMARA, Jacintho Arruda; JUSTEN FILHO, Marçal; PRADO, Mariana Mota; MONTEIRO, Vera. *Publicistas*: direito administrativo sob tensão. Belo Horizonte: Fórum, 2023. v. 2. p. 55-56. ISBN 978-65-5518-591-1.

O RISCO DO REVISIONISMO DAS CONCESSÕES – REVER ENTENDIMENTOS SEDIMENTADOS SOBRE O REGIME JURÍDICO DA EXECUÇÃO CONTRATUAL PROVOCA INDESEJÁVEL CLIMA DE INSTABILIDADE

JACINTHO ARRUDA CÂMARA

O direito público brasileiro vive momento raro. Uma série de contratos de concessão, de variados setores, chega quase que simultaneamente ao seu termo. Graças a isso, assuntos próprios a essa etapa final têm recebido atenção inédita. Prorrogação de contrato e reversibilidade de bens, por exemplo, jamais tinham sido objeto de tanta atenção. Por estarem reservados à produção de efeitos ao fim de contratos de longa duração, seguiram latentes sem despertar questionamentos importantes. Esses são debates adequados à fase de encerramento das concessões.

O epílogo das concessões, porém, tem provocado outra ordem de debate jurídico, este inoportuno: o revisionismo contratual. Chamo de "revisionismo" pleitos que buscam alterar, somente ao final do contrato, a interpretação de cláusulas e outras regras que tiveram aplicação reiterada pelas partes ao longo de toda a execução do contrato. Não se trata de dúvidas justificáveis sobre cláusulas e temas até então inertes, cujos efeitos tenham ficado naturalmente reservados ao momento final das concessões. Esse revisionismo tem recaído, por exemplo, sobre fórmulas de revisão e reajuste reiteradamente aplicadas, sobre aditivos há muito pactuados e até sobre práticas de execução contratual conhecidas e jamais impugnadas.

A prescrição seria a barreira natural para assegurar a preservação de situações já consolidadas pelo passar do tempo. Mas esse instrumento tem sido contornado em litígios envolvendo concessões. A tese utilizada para revolver o passado remoto é a de que questões inerentes às concessões só teriam prazo prescricional iniciado com o término do contrato. Essa interpretação é incorreta e gera ambiente fértil para distorções. Relações contratuais como as das concessões produzem eventos que repercutem juridicamente de modo imediato, devendo ser reclamados a tempo e hora e não só após a extinção do contrato por termo.

Com essa fenda na estabilização de atos e fatos jurídicos por decurso de prazo, eventos ocorridos no primeiro ano de vigência de uma concessão, mesmo que jamais tenham sido questionados ao longo de sua execução, poderiam vir a ser impugnados e mudar de sentido até depois de findo o contrato. Na prática, a prosperar essa tese, concessões e seus regulamentos poderão ser reinterpretados após cumprirem integralmente seus efeitos, sem questionamento, durante décadas. A postura mais uma vez colide com o direito brasileiro, que impede a aplicação retroativa de novas interpretações (LINDB, art. 24).

Rever práticas e interpretações contratuais adotadas pelas partes durante período considerável de sua execução é medida inconsequente. Acena para a sociedade que o pactuado pode ser revisto mesmo após o contrato ter sido executado, após a realização de investimentos e prestação de serviços. No momento em que o país busca incrementar as parcerias com a iniciativa privada, esse desapego ao decidido no passado transmite péssima mensagem. Lembra o dito: "no Brasil, até o passado é incerto". Quem se arrisca?

Informação bibliográfica deste texto, conforme a NBR 6023:2018 da Associação Brasileira de Normas Técnicas (ABNT):

CÂMARA, Jacintho Arruda. O risco do revisionismo das concessões – Rever entendimentos sedimentados sobre o regime jurídico da execução contratual provoca indesejável clima de instabilidade. *In*: SUNDFELD, Carlos Ari; JORDÃO, Eduardo; MOREIRA, Egon Bockmann; MARQUES NETO, Floriano de Azevedo; BINENBOJM, Gustavo; MENDONÇA, José Vicente Santos de; CÂMARA, Jacintho Arruda; JUSTEN FILHO, Marçal; PRADO, Mariana Mota; MONTEIRO, Vera. *Publicistas*: direito administrativo sob tensão. Belo Horizonte: Fórum, 2023. v. 2. p. 57-58. ISBN 978-65-5518-591-1.

DERRETIMENTOS DAS CONCESSÕES CARIOCAS NÃO É OBRA DO ACASO – O QUE O EXEMPLO DO RIO DE JANEIRO PODE NOS ENSINAR

FLORIANO DE AZEVEDO MARQUES NETO

As concessões no Rio estão derretendo. Concessionárias de barcas, trens, distribuição de energia, aeroporto colapsaram. Antes já ocorrera com o BRT e o complexo RioMais, criado para a Olimpíada. O Porto Maravilha patina há anos.

Concessão é a delegação a particulares do encargo de explorar uma atividade a cargo do Estado. O Poder Público transfere uma obrigação (oferecer utilidades e prestações essenciais); o particular a explora como atividade econômica. Pressupõe três elementos: atendimento adequado à coletividade, viabilidade econômica e ambiente institucional confiável. A falta destes elementos leva à sua derrocada.

As desventuras do Rio não são coincidência. Resultam de quatro mazelas. Falhas de concepção, precariedade institucional, indiferença regulatória e oportunismo populista. Não são exclusividade carioca. Mas lá abundaram.

O Porto Maravilha padeceu de excesso de otimismo. Foi concebido com expectativas econômicas infactíveis. No Galeão, o modelo previa volume exagerado de passageiros, sem teto para o ônus de outorga. É inevitável: concessões mal concebidas darão errado.

O ambiente institucional não é menos importante. Inadmissível que um concessionário não consiga cobrar nem metade da utilidade que fornece, como é o caso da Light. Ou que uma concessão de trens se torne inviável pelo furto de trilhos ou por restrições à circulação em regiões controladas pela milícia, caso da Supervia. Que barcas tenham custos inexequíveis pela quantidade de lixo na Guanabara. No caso RioMais, o contrato foi desconsiderado. Se o Estado não garante condições de segurança pública ou ambientais mínimas, a delegação é impraticável.

Cabe ao regulador corrigir problemas de modelagem ou imprevistos. Tem que aferir permanentemente as condições de prestação, punir falhas ou neutralizar impactos. Quando o regulador, por incapacidade ou omissão deliberada, não enfrenta a tempo e modo estas circunstâncias, o negócio é impossível. É frequente os reguladores se negarem a enfrentar problemas e renegociar contratos. A ANEEL parece alheia à inadimplência e ao furto de energia. A indiferença regulatória aos problemas de modelo ou de instabilidades institucionais é o prelúdio do colapso.

Por fim, o oportunismo populista. Comum os dirigentes usarem a concessão como dupla alavanca. Primeiro, vendem a ideia de que a delegação resolverá todos os problemas. Depois, desconsideram contratos, prazos e direitos para supostamente agradar eleitores. Um prefeito carioca quebrava praças de pedágio a golpes de trator. No BRT, o município interveio por alegada falha na prestação; um ano depois, não melhorou a qualidade do serviço. Ao final, ao invés de enfrentar as causas da precariedade, decretou a caducidade da concessão já operada por ele. Cumprir contratos e quitar obrigações de pagamento pode ser impopular. Mas é dever do Poder Público.

Nada indica que conceder seja sempre possível ou conveniente. O exemplo do Rio, porém, nos ensina que, se a concessão for feita, deve ser levada a sério.

Informação bibliográfica deste texto, conforme a NBR 6023:2018 da Associação Brasileira de Normas Técnicas (ABNT):

MARQUES NETO, Floriano de Azevedo. Derretimentos das concessões cariocas não é obra do acaso – O que o exemplo do Rio de Janeiro pode nos ensinar. *In*: SUNDFELD, Carlos Ari; JORDÃO, Eduardo; MOREIRA, Egon Bockmann; MARQUES NETO, Floriano de Azevedo; BINENBOJM, Gustavo; MENDONÇA, José Vicente Santos de; CÂMARA, Jacintho Arruda; JUSTEN FILHO, Marçal; PRADO, Mariana Mota; MONTEIRO, Vera. *Publicistas*: direito administrativo sob tensão. Belo Horizonte: Fórum, 2023. v. 2. p. 59-60. ISBN 978-65-5518-591-1.

EXCEÇÃO DO CONTRATO NÃO CUMPRIDO EM CONCESSÃO – POSSIBILIDADE DIANTE DA INADIMPLÊNCIA DO CONCEDENTE, DESDE QUE A CONCESSIONÁRIA ASSEGURE A CONTINUIDADE DO SERVIÇO

VERA MONTEIRO

Numa relação contratual, o que acontece se uma das partes não cumprir a obrigação contratualmente assumida? A outra está liberada do cumprimento da respectiva contraprestação. É o que dispõe o art. 476 do Código Civil ("nos contratos bilaterais, nenhum dos contratantes, antes de cumprida a sua obrigação, pode exigir o implemento da do outro").

E se a parte inadimplente for a Administração Pública?

Sendo uma empresa estatal, a regra é a mesma. O regime de execução de seus contratos é o de direito comum, como diz o art. 68 da Lei das Estatais.

Se uma das partes for entidade da Administração Direta, autarquia ou fundação de direito público, a regra aplicável está no art. 78, inc. XV, da Lei nº 8.666, de 1993. Solução equivalente está no art. 137, §3º, inc. II, da Nova Lei de Licitações. Em 2020, o Centro de Estudos Judiciários do Conselho da Justiça Federal, na I Jornada de Direito Administrativo, aprovou o Enunciado nº 6, o qual incorporou a jurisprudência consolidada do STJ sobre o tema: "O atraso superior a 90 (noventa) dias dos pagamentos devidos pela Administração Pública autoriza o contratado a suspender o cumprimento de suas obrigações até que seja normalizada a situação, mesmo sem provimento jurisdicional".

Ou seja, o contratado está autorizado a, sem necessidade de autorização judicial prévia, suspender a execução do contrato quando a Administração Pública tiver atrasado o pagamento por mais de 90 dias

(60 dias na lei nova). Antes disso, a suspensão da execução do contrato é viável, mas desde que haja autorização judicial prévia.

E, no caso de inadimplência em contratos de concessão? Há regra especial que garante a continuidade da prestação do serviço público. Por isso, a suspensão da execução do contrato de concessão pela concessionária, motivada por inadimplemento do concedente, só é possível com a rescisão do contrato, a ser determinada por decisão judicial transitada em julgado (art. 39 da Lei nº 8.987, de 1995).

Porém, esta regra não impede a suspensão, pela concessionária, de obrigações contratuais que não impactem a prestação do serviço público, como o pagamento dos ônus da outorga, ou mesmo a realização de novos investimentos. Com relação a tais obrigações, a suspensão de sua execução não gera efeitos na continuidade dos serviços públicos concedidos.

Por isso, se o poder concedente não cumprir obrigação contratualmente assumida, a concessionária poderá suspender as prestações que não são indispensáveis à continuidade dos serviços, por aplicação da regra do Código Civil. Nos contratos de concessão, o direito contratual especial protegeu a prestação do serviço concedido, mas não obrigou a concessionária a cumprir prestações de natureza econômica, ou a realizar novos investimentos, enquanto o concedente não cumprir obrigação contratualmente assumida por ele. Consequentemente, e desde que esteja mantida a continuidade do serviço concedido, a regra da exceção do contrato não cumprido é aplicável em desfavor do poder público concedente.

Informação bibliográfica deste texto, conforme a NBR 6023:2018 da Associação Brasileira de Normas Técnicas (ABNT):

MONTEIRO, Vera. Exceção do contrato não cumprido em concessão – Possibilidade diante da inadimplência do concedente, desde que a concessionária assegure a continuidade do serviço. *In*: SUNDFELD, Carlos Ari; JORDÃO, Eduardo; MOREIRA, Egon Bockmann; MARQUES NETO, Floriano de Azevedo; BINENBOJM, Gustavo; MENDONÇA, José Vicente Santos de; CÂMARA, Jacintho Arruda; JUSTEN FILHO, Marçal; PRADO, Mariana Mota; MONTEIRO, Vera. *Publicistas*: direito administrativo sob tensão. Belo Horizonte: Fórum, 2023. v. 2. p. 61-62. ISBN 978-65-5518-591-1.

A ARTE DE TER RAZÃO (SÓ QUE NÃO) – SCHOPENHAUER E A CONSTITUCIONALIDADE DO ART. 27 DA LEI DE CONCESSÕES

GUSTAVO BINENBOJM

Em *A arte de ter razão*, Schopenhauer elenca 38 estratagemas para um debatedor ganhar uma discussão mesmo sem ter razão. Destaco dois desses artifícios, por sua pertinência ao debate jurídico brasileiro. O primeiro é comumente designado como *ad hominem*: ao invés de se discutirem os argumentos, atacam-se os indivíduos, como se características pessoais pudessem desqualificar as razões em debate. O segundo tem sido chamado de falácia do espantalho: o argumento contrário não é tomado a sério, sem considerar detalhes relevantes, tornando-se uma caricatura grosseira.

A comunidade jurídica debateu a constitucionalidade do art. 27 da Lei nº 8.987/95, por ocasião do julgamento da ADI nº 2.946 pelo STF. O dispositivo permite tanto a alteração do controle acionário da concessionária, como a transferência do contrato de concessão a outra empresa, desde que as condições da proposta vencedora da licitação sejam mantidas e a operação seja aprovada pelo poder concedente. Formaram-se duas correntes, ambas respeitáveis: uma, que admitia apenas a mudança do controle acionário sem licitação; a outra, que considerava as duas situações materialmente equivalentes e igualmente válidas.

Defendi, ao lado dos juristas que se revezam nesta coluna, a tese da constitucionalidade integral da norma. No curso do debate, um artigo publicado no jornal *Folha de S.Paulo* sustentou que a alteração do controle acionário da concessionária, "caso não seja realizada como manobra para fraude à licitação, faz parte do dia a dia da empresa e nada tem de inconstitucional". Todavia, dizem, a transferência da própria concessão seria ilícita, e arrematam enfaticamente: "nestes tempos de quase completa submissão ao poder econômico, nada surpreende que muitos não apenas tenham silenciado em relação à inconstitucionalidade, mas a defendido apaixonadamente [...] Submeter-se-á o STF aos interesses do poder econômico ou cumprirá o seu papel de guardião da Constituição? Ninguém pode saber".

Ou seja, os autores se puseram na posição de defensores da moralidade, acusando quem defendia argumento contrário de estar a serviço do poder econômico. Pior: tentaram colocar o STF numa saia justa, como se tivessem essa condição. Além do desconhecimento sobre a complexidade das operações societárias, o artigo também omitiu o que sempre sustentamos: que o poder concedente e os órgãos de controle têm, em ambas as situações, o dever de coibir fraudes e verificar a vantajosidade da operação para a sociedade.

Os ministros Dias Toffoli (relator) e Alexandre de Moraes, numa primeira leitura, afiliaram-se à corrente mais restritiva. Após intenso debate travado nos autos pela AGU, BNDES, estados e entidades de classe, ambos os ministros reconsideraram seus votos, formando a maioria de 7 a 4 que declararia a constitucionalidade integral do art. 27. Aos estratagemas, o STF respondeu apenas com o bom e respeitoso embate de ideias. Elas venceram.

Informação bibliográfica deste texto, conforme a NBR 6023:2018 da Associação Brasileira de Normas Técnicas (ABNT):

BINENBOJM, Gustavo. A arte de ter razão (só que não) – Schopenhauer e a constitucionalidade do art. 27 da Lei de Concessões. *In*: SUNDFELD, Carlos Ari; JORDÃO, Eduardo; MOREIRA, Egon Bockmann; MARQUES NETO, Floriano de Azevedo; BINENBOJM, Gustavo; MENDONÇA, José Vicente Santos de; CÂMARA, Jacintho Arruda; JUSTEN FILHO, Marçal; PRADO, Mariana Mota; MONTEIRO, Vera. *Publicistas*: direito administrativo sob tensão. Belo Horizonte: Fórum, 2023. v. 2. p. 63-64. ISBN 978-65-5518-591-1.

AUTORIZAÇÃO PARA PRESTAÇÃO DE SERVIÇO PÚBLICO – O STF CONFIRMOU A CONSTITUCIONALIDADE DO MODELO

VERA MONTEIRO

Comecei a estudar direito administrativo em 1995, década em que o Estado deixava de ser o grande prestador de serviços públicos, projetos de privatização surgiam com frequência e novos serviços chacoalhavam as classificações teóricas sobre o tema.

Havia uma reverência à dicotomia serviço público x atividade econômica. O próprio conceito de serviço público, que esteve na origem do direito administrativo e, por isso, bem amplo, veio minguando ao longo dos anos. A tecnologia já dava sinais de que o mundo se transformaria. Houve uma espécie de mutação da natureza das coisas, que passou a seguir lógicas econômica e política.

As emendas à Constituição evidenciaram que nunca houve um projeto constitucional sobre como o Estado deve prestar serviços à coletividade. Não há mecanismo de exploração uniforme, regime jurídico universal e objetivos comuns a atingir. Diria mais: a Constituição não distinguiu concessão, permissão e autorização. São atos jurídicos que viabilizam a parceria com terceiros em prol da execução de atividades de interesse público. Mas, quais atividades? Quais os direitos e obrigações dos envolvidos? Para responder, há dois caminhos. Um, é recorrer a dogmas e desconsiderar os últimos 30 anos de história. Outro, é analisar as normas e os fatos.

O STF (ADI nº 5.549/DF, j. em 29.3.2023) escolheu analisar as normas ao confirmar a constitucionalidade dos dispositivos da Lei nº 10.233, de 2001, que tratam da prestação de serviço de transporte rodoviário coletivo interestadual e internacional de passageiros sem prévia licitação, mediante autorização.

O relator Min. Luiz Fux disse que a exigência de licitação pioraria o serviço e geraria transtorno para os usuários. Alertou que é preciso respeitar a escolha do legislador pelo modelo de autorização, tendo em vista o art. 21, XII, "e" da Constituição. Seu voto foi seguido pelos ministros André Mendonça, Nunes Marques, Alexandre de Moraes, Dias Toffoli, Gilmar Mendes e Barroso. Venceu o entendimento de que referido dispositivo constitucional abre espaço legítimo para assimetria regulatória, a qual permite níveis de intervenção regulatória distintos via concessão, permissão e autorização. Ainda, a ausência de barreiras à entrada de concorrentes no setor afastaria a incidência do art. 175 e contribuiria para a abertura do mercado e para a universalização dos serviços, em benefício dos usuários. Em suma, neste setor, licitação é ineficiente porque cria exclusividade não desejável.

Ficaram vencidos os ministros Edson Fachin, Ricardo Lewandowski, Cármen Lúcia e Rosa Weber por entenderem que a norma violaria os arts. 175 e 37, *caput*, XXI, e um suposto "dever fundamental de licitar".

O acórdão tem 280 páginas. Os votos vencidos articularam dogmas tradicionais (como o de que a autorização é ato administrativo unilateral, precário e discricionário, e o de que não pode haver outorga de serviço público sem licitação). Já os vencedores reconheceram que a autorização é instrumento legítimo de delegação de serviço público; e que a assimetria regulatória do art. 21, XII, "e" da Constituição atende à dinâmica do serviço, tal como ocorre nos setores de telecomunicações, elétrico, portos e de transporte aquático e aéreo. Com isso, o STF confirmou que generalidades não servem para analisar a dinâmica dos serviços públicos.

Informação bibliográfica deste texto, conforme a NBR 6023:2018 da Associação Brasileira de Normas Técnicas (ABNT):

MONTEIRO, Vera. Autorização para prestação de serviço público – O STF confirmou a constitucionalidade do modelo. *In*: SUNDFELD, Carlos Ari; JORDÃO, Eduardo; MOREIRA, Egon Bockmann; MARQUES NETO, Floriano de Azevedo; BINENBOJM, Gustavo; MENDONÇA, José Vicente Santos de; CÂMARA, Jacintho Arruda; JUSTEN FILHO, Marçal; PRADO, Mariana Mota; MONTEIRO, Vera. *Publicistas*: direito administrativo sob tensão. Belo Horizonte: Fórum, 2023. v. 2. p. 65-66. ISBN 978-65-5518-591-1.

PARTE V

TARIFAS NOS SERVIÇOS CONCEDIDOS

INFLAÇÃO, ELEIÇÃO E REGULAÇÃO: RIMA RUIM, SOLUÇÃO PÉSSIMA – INTERVENÇÕES ELEITOREIRAS EM PREÇOS SÃO DESASTRES CONTRATADOS

FLORIANO DE AZEVEDO MARQUES NETO

Dois anos de pandemia e guerra na Europa desorganizaram preços e custos. A inflação cresce na maioria dos países. Por aqui impacta a vida das pessoas e influencia escolhas eleitorais. Atores políticos ficam seduzidos por intervir.

Semana passada, o presidente da Câmara dos Deputados anunciou que levará à votação um conjunto de propostas para reduzir as tarifas de energia. O tema já foi tratado por Egon neste espaço. O chefe do Executivo substituiu pela terceira vez o presidente da Petrobras, tudo para forçar a redução do preço dos combustíveis. O ministro da saúde anunciou que intervirá no preço dos planos de saúde. Políticas públicas para tornar acessíveis utilidades públicas são bem-vindas. Quando tomadas de olho no calendário eleitoral, são nefastas.

Trata-se de vício antigo. Nos anos 80, a ditadura tentou conter a inflação artificializando preços regulados. Quebrou vários setores. Em 2013, a intervenção eleitoreira nas tarifas do setor elétrico desorganizou o setor e levou à crise energética dos últimos anos. Preços artificiais dos combustíveis entre 2010 e 2016 deterioraram a solvência da Petrobras. A regulação excessiva nos planos de saúde individuais praticamente extinguiu estes produtos.

Regular preços não é um problema. Fazê-lo de forma imediatista e irresponsável, porém, contrata efeitos desastrosos a vencer em três ou cinco anos. Estas medidas podem eleger o líder populista, mas destroem o setor.

Pior. Anulam todo o esforço feito nos últimos anos por uma regulação responsiva. A busca da prudência regulatória é necessária e compatível com o direito. A lei das agências (Lei nº 13.848/19) contempla vários instrumentos neste sentido, com destaque à análise de impacto regulatório. Ela avançou na análise de custo e benefício. A jurisprudência tem prestigiado as decisões pautadas na ponderação. Tudo isso vai por terra diante de intervenções populistas.

Em caso paradigmático, ADI nº 550, o STF considerou que nem o Congresso pode se sobrepor para tratar de tema técnico de competência de uma agência especializada. ANEEL, ANP e ANS possuem reconhecida competência técnica para analisar preços e tarifas. Nenhuma lei setorial, ao conferir competências para regular preços, dá cheque em branco para aventuras tarifárias; regulação populista é sempre construída sobre ilegalidades.

Passar por sobre esta capacidade, tomando decisões de olho no pleito de outubro, além de contrário à ordem jurídica, pode gerar benefícios efêmeros decorrentes da redução artificial de preços, mas contrata efeitos deletérios para o futuro. Intervenções populistas deram muito errado no passado. Seguirão dando. A redução forçada de preços não toca os reais problemas da escalada inflacionária. Ao contrário, os mascara. Se a escalada de preços precisa ser interrompida, o melhor a fazer é definir linhas mestras da política e deixar ao regulador o comando de implementá-la progressivamente. Se nos distanciarmos da prudência regulatória, o cidadão pagará a conta depois de fechadas as urnas.

Informação bibliográfica deste texto, conforme a NBR 6023:2018 da Associação Brasileira de Normas Técnicas (ABNT):

MARQUES NETO, Floriano de Azevedo. Inflação, eleição e regulação: rima ruim, solução péssima – Intervenções eleitoreiras em preços são desastres contratados. *In*: SUNDFELD, Carlos Ari; JORDÃO, Eduardo; MOREIRA, Egon Bockmann; MARQUES NETO, Floriano de Azevedo; BINENBOJM, Gustavo; MENDONÇA, José Vicente Santos de; CÂMARA, Jacintho Arruda; JUSTEN FILHO, Marçal; PRADO, Mariana Mota; MONTEIRO, Vera. *Publicistas*: direito administrativo sob tensão. Belo Horizonte: Fórum, 2023. v. 2. p. 69-70. ISBN 978-65-5518-591-1.

A MALDIÇÃO DO REAJUSTE EM CONCESSÕES – REPRESAMENTO DE REAJUSTE É INJUSTIFICÁVEL JURÍDICA, ECONÔMICA E POLITICAMENTE

EDUARDO JORDÃO

O reajuste, nos contratos de concessão, deveria ser dos temas mais simples. Afinal não se trata de dar à concessionária nenhuma vantagem, mas apenas de *preservar* o valor a que ela faz jus pela prestação do serviço; mantê-lo equivalente, atualizá-lo diante de perdas inflacionárias que decorrem do passar do tempo.

Na prática, no entanto, concessionárias amargam *anos* sem reajuste, diante das mais disparatadas justificativas. Em geral, o presidente, governador ou prefeito alega alguma irregularidade na concepção ou gestão do contrato, ou mesmo a "injustiça" em "ampliar ganhos privados", e anuncia a intenção de suspender o reajuste.

Mas essa atitude é injustificável sob qualquer perspectiva.

Juridicamente, ela está fadada ao insucesso. Represar o reajuste com base em irregularidade contratual (suposta ou real) é procedimento ilegal, como tem sido reiteradamente reconhecido pela jurisprudência, a tal ponto de ter virado objeto do Enunciado nº 34 das Jornadas de Direito Administrativo do CJF/STJ. O reajuste é "automático". E, se irregularidade houver, ela deve ser apurada em processo administrativo próprio, no qual se garantirão à concessionária ampla defesa e contraditório e no qual lhe poderão ser aplicadas eventuais sanções. Represar reajuste não é forma de penalidade admitida pelo direito, em nenhuma hipótese.

Economicamente, é medida irracional. Corresponde a um *empréstimo forçado* que o poder concedente toma da concessionária – e que, depois, terá de lhe pagar. Acontece que os juros que incidem sobre esse "empréstimo" correspondem à taxa interna de retorno (TIR) do contrato, que normalmente superam os juros encontradiços no mercado de crédito. Isso significa que valeria até a pena pegar emprestado dinheiro do mercado para pagar à concessionária, ao invés de atrasar o reajuste devido. Negar-se a reajustar os contratos de concessão é medida econômica tão desatinada, que já se apontou que ela deveria dar ensejo a ações de improbidade, pelo prejuízo que causa aos cofres públicos.

Politicamente, enfim, a atitude também terá impactos negativos. Como nos contratos de concessão, os investimentos da concessionária na infraestrutura pública se fazem normalmente no início do contrato e a sua remuneração se dá ao longo dos anos seguintes, a segurança jurídica (de que os termos contratuais serão respeitados e de que ela receberá o que lhe foi prometido) é seu elemento absolutamente essencial. Assim, o desrespeito ao direito mais básico da concessionária fatalmente acarretará para o poder público dificuldade futura para conseguir bons parceiros privados ou boas parcerias.

Como é normalmente o caso com medidas populistas, a negação em aplicar o reajuste devido em contratos de concessão só gera benefícios ao político que a propõe, que posará de protetor da população e fingirá surpresa quando vir a medida ser barrada judicialmente. A conta será toda nossa.

Informação bibliográfica deste texto, conforme a NBR 6023:2018 da Associação Brasileira de Normas Técnicas (ABNT):

JORDÃO, Eduardo. A maldição do reajuste em concessões – Represamento de reajuste é injustificável jurídica, econômica e politicamente. *In*: SUNDFELD, Carlos Ari; JORDÃO, Eduardo; MOREIRA, Egon Bockmann; MARQUES NETO, Floriano de Azevedo; BINENBOJM, Gustavo; MENDONÇA, José Vicente Santos de; CÂMARA, Jacintho Arruda; JUSTEN FILHO, Marçal; PRADO, Mariana Mota; MONTEIRO, Vera. *Publicistas*: direito administrativo sob tensão. Belo Horizonte: Fórum, 2023. v. 2. p. 71-72. ISBN 978-65-5518-591-1.

DECRETOS LEGISLATIVOS PODEM QUEBRAR CONTRATOS? – SUSTAR REAJUSTES TARIFÁRIOS VIOLA A CONSTITUIÇÃO, A LEI E OS CONTRATOS

EGON BOCKMANN MOREIRA

De tempos em tempos, o Congresso Nacional, a título de exercitar competências extraordinárias, viola não só a Constituição, como também leis e contratos. Pois é disso que trata a ameaça feita pelo projeto de decreto legislativo que pretende suspender reajustes tarifários no setor de energia.

O art. 49 da Constituição, ao dispor sobre competências exclusivas do Congresso, estatui que ele pode "sustar os atos normativos do Poder Executivo que exorbitem do poder regulamentar ou dos limites de delegação legislativa" (inc. V). Trata-se de competência atípica, eis que envolve ato não legislativo, de controle externo da Administração Pública para casos específicos. Só pode ser interpretada restritivamente, nos exatos termos da prescrição constitucional.

A condição para o exercício dessa prerrogativa não está numa escolha aleatória do que se pretende controlar, mas exatamente no cumprimento aos requisitos constitucionalmente necessários. Imprescindível, portanto, que o ato a ser sustado tenha comprovada qualidade de "exorbitante" quanto ao poder regulamentar (ou haja violado a delegação). Isto é, este tipo de decreto presta-se a conter ilegalidades, a fim de impedir que atos administrativos regulamentares invadam a esfera legislativa.

Logo, o que a Constituição autoriza o legislador a fazer é, apenas e tão somente, o contraste entre lei e regulamento: caso este seja exorbitante, poderá ser sustado. O que importa dizer que o legislador está, ao mesmo tempo, expressamente proibido de usurpar dessa mesma competência. A ele são vedados o abuso e o desvio de finalidade, como se pudesse bulir em quaisquer leis, atos e contratos.

Ora, reajustes são tema legal e contratual. Destinam-se à manutenção do poder de compra da moeda expressada na tarifa. Não implicam aumento do valor a ser pago, mas tão somente a sua atualização nominal, a fim de que a receita do contrato persista a expressar a realidade monetária definida desde o edital de licitação. Por isso que geram resoluções homologatórias, oriundas de cálculos matemáticos, nos exatos termos das cláusulas contratuais. Visto por outro ângulo, não conceder – ou sustar – o reajuste implica o correspondente deságio tarifário: o não reajuste é um desconto na tarifa real, que viola o contrato e todas as leis que regem as concessões de serviço público (inclusive as do setor elétrico).

Logo, o que o decreto legislativo que ganhou as manchetes nas últimas semanas pretende é, ao fim e ao cabo, violar contratos (além de ignorar a reserva de administração das agências independentes). O seu objeto é a suspensão, de modo ilegal, da eficácia de cláusulas contratuais. Não se destina aos fins estatuídos pelo art. 49, inc. V, da Constituição. Ao contrário: caso exercitado, implicará desrespeito à norma constitucional, às leis setoriais e a dezenas de contratos. Ou, o que é pior: implica desprezo ao sentimento constitucional, àquilo que a Constituição e sua força normativa efetivamente significam.

Informação bibliográfica deste texto, conforme a NBR 6023:2018 da Associação Brasileira de Normas Técnicas (ABNT):

MOREIRA, Egon Bockmann. Decretos legislativos podem quebrar contratos? – Sustar reajustes tarifários viola a Constituição, a lei e os contratos. *In*: SUNDFELD, Carlos Ari; JORDÃO, Eduardo; MOREIRA, Egon Bockmann; MARQUES NETO, Floriano de Azevedo; BINENBOJM, Gustavo; MENDONÇA, José Vicente Santos de; CÂMARA, Jacintho Arruda; JUSTEN FILHO, Marçal; PRADO, Mariana Mota; MONTEIRO, Vera. *Publicistas*: direito administrativo sob tensão. Belo Horizonte: Fórum, 2023. v. 2. p. 73-74. ISBN 978-65-5518-591-1.

SE A TARIFA É ZERO, QUEM PAGA A CONTA? – ESTAMOS A FALAR DE ALGO BEM MAIS SÉRIO: TRANSFERÊNCIA DE RENDA E TRIBUTOS

EGON BOCKMANN MOREIRA

De tempos em tempos, aparece no Brasil o assunto das tarifas gratuitas para o uso de bens e serviços públicos. Nesta entressafra eleitoral, renasceu a proposta de tarifa zero para os transportes públicos. Bela na forma, precária e perigosa no conteúdo, merece debate. Afinal, muitas vezes estamos a falar de contratos vinculados a concessionários de serviços públicos.

Quando não prestados diretamente pelo Estado, os transportes públicos derivam de contratos administrativos: concessões comuns (receita integralmente arcada pelo usuário); concessões patrocinadas (compartilhada entre poder concedente e usuário) e concessões administrativas (a receita é integralmente paga pelo poder concedente). Cada uma dessas modalidades demanda análise financeira de longo prazo, licitação prévia e formalização em contrato típico, com prazo certo. Logo, a migração de um tipo contratual para outro exigirá algo que se aproxima da mágica jurídica.

Igualmente, não podemos nos esquecer de que recursos abundantes e gratuitos geram incentivos ao desperdício. Basta comparar o que fazemos com dois deles: o ar e o tempo. Este recurso escasso, que nos iguala ao homem mais rico do mundo, traz ansiedade e problemas sem solução. A finitude gera a precificação do tempo – ele "é dinheiro", como reza o dito popular – e faz com que lhe demos importância e nos preocupemos em preservá-lo. Em contrapartida, o ar, recurso supostamente infinito, é desprezado e agredido diariamente – assim como fazemos com a água e o clima.

O ser humano tende a não preservar o abundante: é preciso que alguém – o Estado – nos mande fazer isso. Essa ordem pode vir por meio de comandos imperativos (e respectivo controle eficaz) ou através do preço a ser pago pelo uso do bem ou serviço. Se existe um recurso escasso que aprendemos desde cedo a administrar, ele é o dinheiro: portanto, o pagamento de um preço traz consigo a moderação do uso.

Por isso que tarifa zero tende a gerar entusiasmos iniciais, seguidos da tendência ao esbanjamento. A experiência internacional – como no exemplo do gás na Rússia soviética e em alguns países africanos, a gerar a chama acesa 24 horas/dia – comprova que a oferta de bens e serviços gratuitos pode estimular o desprezo ao seu uso racional. Quando menos, a cobrança de um valor mínimo confere dignidade à relação, a fazer com que o usuário se sinta respeitado e ativamente preserve a utilidade. Tarifa zero corre o risco de estimular o uso desnecessário, ou até agressivo, de bens e serviços públicos.

Lamento concluir que, bem vistas as coisas, a tarifa zero me parece uma falácia: o raciocínio errado de que algo pode ser de graça, disfarçado de bondade social. Do que estamos a tratar é da escolha pública de transferência de renda (e alteração de contratos no curso de sua execução). Afinal, os transportes públicos trazem consigo os respectivos custos crescentes. Se os usuários não pagam, quem o faz é o contribuinte. Resta saber se este acha justo e deseja arcar com mais essa despesa.

Informação bibliográfica deste texto, conforme a NBR 6023:2018 da Associação Brasileira de Normas Técnicas (ABNT):

MOREIRA, Egon Bockmann. Se a tarifa é zero, quem paga a conta? – Estamos a falar de algo bem mais sério: transferência de renda e tributos. *In*: SUNDFELD, Carlos Ari; JORDÃO, Eduardo; MOREIRA, Egon Bockmann; MARQUES NETO, Floriano de Azevedo; BINENBOJM, Gustavo; MENDONÇA, José Vicente Santos de; CÂMARA, Jacintho Arruda; JUSTEN FILHO, Marçal; PRADO, Mariana Mota; MONTEIRO, Vera. *Publicistas*: direito administrativo sob tensão. Belo Horizonte: Fórum, 2023. v. 2. p. 75-76. ISBN 978-65-5518-591-1.

PARTE VI

EMPRESAS ESTATAIS

A LEI Nº 13.303 É UMA CONQUISTA FUNDAMENTAL DA SOCIEDADE BRASILEIRA – A PROPOSTA DE ALTERAÇÃO DA LEI DAS ESTATAIS DEVE SER REJEITADA DE MODO DECIDIDO

MARÇAL JUSTEN FILHO

O Estatuto das Sociedades Estatais Empresárias (Lei nº 13.303/2016) assegurou mecanismos indispensáveis para permitir a atuação eficaz do Estado no domínio econômico. Configurou um divisor de águas, ao exigir a observância de práticas de governança corporativa. As suas regras neutralizam a instrumentalização das estatais para a realização de interesses pessoais dos agentes políticos.

Muitas estatais foram criadas como uma tentativa de escapar aos controles de direito público. Eram "autarquias com personalidade jurídica de direito privado" – uma contradição insuperável. Com respaldo do STF, sujeitaram-se a regime híbrido: direito público ou direito privado, conforme fosse o mais vantajoso.

De modo geral, as estatais eram peças no tabuleiro da negociação política. O apoio ao governante era assegurado mediante a atribuição ao partido político da "titularidade" de determinada estatal. Nesse caso, os administradores eram escolhidos segundo critério de afinidade política e a gestão era orientada pela conveniência eleitoral. A eficiência econômica era secundária. Práticas que seriam insuportáveis no setor privado eram respaldadas pela decisão dos governantes.

A Lei nº 13.303 reprimiu esses despropósitos. Dispôs sobre a escolha dos administradores e estabeleceu regras de gestão. Os impedimentos e os requisitos à investidura dos administradores, a participação dos empregados, a criação de órgãos de controle e assessoramento reduziram a autonomia para escolhas desarrazoadas. A lei flexibilizou as regras sobre licitação e reforçou a dimensão privada dos contratos. Permitiu a incorporação de práticas necessárias ao desempenho da atividade empresarial, equivalentes àquelas adotadas no setor privado.

Nessa modelagem, a estatal é titular de ampla autonomia para desempenho de suas atividades. Mas é vedada a gestão interesseira, orientada a promover interesse político. A estatal não pode ser um veículo para a disputa eleitoral nem para a satisfação de interesses privados de agentes políticos.

As propostas de alteração da Lei nº 13.303 são aterradoras. O questionamento à política de preços da Petrobras surge como um pretexto para eliminar conquistas do Estado e da sociedade. O risco é produzir o retorno de um sistema feudal, permitindo que as estatais sejam apropriadas por grupos específicos. Sob a justificativa de adotar providências pontuais, seriam eliminadas as barreiras de proteção impostas pela Lei nº 13.303.

A mesma concepção que propugna a eliminação dos mecanismos de governança das estatais também impregna a defesa da extinção da autonomia das agências reguladoras. É uma forma de restauração das deficiências do passado e de destruição das esperanças de um futuro melhor.

Essas distorções devem ser combatidas. Não trarão nenhum bem para o conjunto da sociedade. Medidas demagógicas adotadas hoje para atrair a simpatia do eleitor produzem efeitos muito mais nocivos para o futuro. Nós não temos o direito de ignorar as lições da história.

Informação bibliográfica deste texto, conforme a NBR 6023:2018 da Associação Brasileira de Normas Técnicas (ABNT):

JUSTEN FILHO, Marçal. A Lei nº 13.303 é uma conquista fundamental da sociedade brasileira – A proposta de alteração da Lei das Estatais deve ser rejeitada de modo decidido. *In*: SUNDFELD, Carlos Ari; JORDÃO, Eduardo; MOREIRA, Egon Bockmann; MARQUES NETO, Floriano de Azevedo; BINENBOJM, Gustavo; MENDONÇA, José Vicente Santos de; CÂMARA, Jacintho Arruda; JUSTEN FILHO, Marçal; PRADO, Mariana Mota; MONTEIRO, Vera. *Publicistas*: direito administrativo sob tensão. Belo Horizonte: Fórum, 2023. v. 2. p. 79-80. ISBN 978-65-5518-591-1.

ECONOMIA E POLÍTICA: DUAS DIMENSÕES – ALTERAÇÕES NAS LEIS DAS ESTATAIS E DO SANEAMENTO REPOLITIZAM A ECONOMIA EM DETRIMENTO DO DIREITO

FLORIANO DE AZEVEDO MARQUES NETO

A economia não é indiferente à politica. Esta, por sua vez, não é alheia à economia. Contudo, elas têm racionalidade, objetivo, métricas e dinâmica próprios. Quando uma coloniza a outra, os resultados são desastrosos. No Brexit, a captura da economia pela política gerou danos econômicos: o crescimento britânico foi aquém da zona do euro; os efeitos da crise, mais severos. O mesmo vale para Venezuela, Rússia e outros.

A reflexão é oportuna diante de dois debates recentes: a alteração na Lei das Estatais e a reforma do Marco Legal do Saneamento. Em ambas discussões o tema é o papel das empresas estatais. O sistema político tem a aspiração (própria à sua lógica) de controlar estas empresas, moldando sua ação aos desígnios do governo eleito. Mas os efeitos disso são conhecidos. Empresas estatais são agentes econômicos. Como tal, atuam em ambiente distinto da política. Na economia, a eficiência não se mede em votos, mas em números. Investimentos e gastos não aceitam desaforos.

Flexibilizar regras de governança, trazendo as estatais para a alçada "de quem tem voto", não é ruim apenas por questões de integridade. É péssimo porque transforma a ação empresarial em caudatária da política: investimentos de longa maturação, embora necessários, acabam preteridos por outros de resultados imediatos, mas discutíveis. Pela política, a precificação de bens e serviços cede a "preços populares" que não cobrem custos e impedem novos investimentos. A racionalidade econômica perde. E as estatais sucumbem.

O mesmo vale para o saneamento. Descontados, de um lado, o ideologismo juvenil da proposta da transição de rever todos os marcos editados no governo que termina e, de outro, certo exagero de críticos mais de olho em marcar posição junto ao mercado privado, há questões relevantes a enfrentar. O modelo baseado na exclusividade das estatais estaduais se esgotou. Não porque todas elas fossem ineficientes (muitas não eram), mas porque foram por muito tempo vulneráveis aos desígnios políticos. Ressuscitar o modelo agrada governos, mas condena o setor ao atraso. No saneamento, além dos desafios urbanísticos, de universalização e ambientais, há um problema federativo. Avanços como a centralização regulatória na ANA, a quebra de mercados cativos das CESBs e a regionalização da prestação não devem retroceder. Porém, se queremos ter um verdadeiro mercado de empresas disputando a oportunidade de investir no setor, temos que evitar assimetrias interditantes às companhias estaduais. Várias delas retomaram capacidade de investir. Algumas são bastante eficientes. A competição, cerne da economia, demanda igualdade de oportunidades para todos.

Normas podem ser melhoradas. Reformar uma lei que levou tanto tempo para ser editada, sem aguardar um tempo de maturação nem analisar seus resultados, é precipitação voluntarista.

Como a economia e a política, o direito também é um sistema autônomo. Colonizar o debate jurídico com a lógica política ou econômica também vai dar errado.

Informação bibliográfica deste texto, conforme a NBR 6023:2018 da Associação Brasileira de Normas Técnicas (ABNT):

MARQUES NETO, Floriano de Azevedo. Economia e política: duas dimensões – Alterações nas leis das estatais e do saneamento repolitizam a economia em detrimento do direito. *In*: SUNDFELD, Carlos Ari; JORDÃO, Eduardo; MOREIRA, Egon Bockmann; MARQUES NETO, Floriano de Azevedo; BINENBOJM, Gustavo; MENDONÇA, José Vicente Santos de; CÂMARA, Jacintho Arruda; JUSTEN FILHO, Marçal; PRADO, Mariana Mota; MONTEIRO, Vera. *Publicistas*: direito administrativo sob tensão. Belo Horizonte: Fórum, 2023. v. 2. p. 81-82. ISBN 978-65-5518-591-1.

LEI DAS ESTATAIS SOB ATAQUE – O PLENÁRIO DO STF NÃO DEVERIA CONFIRMAR A LIMINAR DO MIN. LEWANDOWSKI

VERA MONTEIRO

Está para ser analisada no plenário do STF a liminar concedida pelo Min. Ricardo Lewandowski na ADI nº 7.331, que suspendeu trechos da Lei das Estatais que limitam nomeações para dirigentes de empresas públicas e sociedades de economia mista (Conselho de Administração e Diretoria). Uma proibição suspensa pela decisão é a de ministro e outros agentes ocupantes de cargo em comissão na alta administração pública. A outra é a previsão de quarentena de 3 anos para "participante de estrutura decisória de partido político" ou cujo "trabalho esteja vinculado a organização, estruturação e realização de campanha eleitorais".

O que se lê no voto é que as restrições para indicações de políticos e líderes partidários para dirigentes de estatais estabeleceram "discriminações desarrazoadas e desproporcionais", por impedir que representante do acionista controlador participe do órgão colegiado de empresa, ao mesmo tempo em que permite que servidores de carreira e integrantes do quadro de pessoal da própria companhia participem. Haveria, assim, discriminação indevida da classe política e partidária. Afirma, ainda, que só a Constituição poderia estabelecer vedações do tipo, em decorrência do princípio republicano (como no caso dos magistrados e militares).

É uma análise simplória e retórica do problema. Traz citações teóricas e não as relaciona ao caso, além de não examinar a suposta falta de razoabilidade da lei e a impossibilidade de ela ser a fonte das restrições. Quanto ao último argumento, se ele fosse válido, a vedação ao nepotismo seria inconstitucional, porque sua fonte é súmula do STF.

Quanto à falta de razoabilidade das vedações, procurei, com a ajuda do *República em Dados*, dados que trouxessem informações sobre o período em que o favorecimento explícito da agenda político-partidária era a regra. Seria um caminho para testar o suposto efeito negativo da lei.

Mas o que há é uma base de dados descentralizada e insuficiente na esfera federal, envolvendo governança e política de pessoal nas empresas estatais federais. Estão disponíveis apenas a composição dos conselhos e a lista com os nomes dos dirigentes (Secretaria de Coordenação das Estatais). Eventualmente esses nomes podem ser cruzados com outros dados dos sistemas federais de administração de recursos humanos para identificar se os dirigentes são servidores de carreira, se ocuparam cargos comissionados ou se foram agentes políticos na sua trajetória (aqui com a ajuda do TSE). De todo modo, esses sistemas não são de livre acesso e não se consegue verificar o perfil político-partidário dos dirigentes e conselheiros de estatais. O Relatório Agregado das Empresas Estatais Federais, por sua vez, tem alguns dados sobre a cúpula e governança das estatais, mas é focado em gastos com pessoal e quantitativo de empregados.

Portanto, sem dados que suportem o argumento do voto e com motivação inconsistente, é puro voluntarismo declarar inconstitucional a norma e se sobrepor ao Legislativo. É decisão para uma minoria já bastante protegida pelo nosso sistema. As restrições da lei não são resultado da demonização da política, mas da importância do fortalecimento das companhias para que cumpram seus fins institucionais.

Informação bibliográfica deste texto, conforme a NBR 6023:2018 da Associação Brasileira de Normas Técnicas (ABNT):

MONTEIRO, Vera. Lei das Estatais sob ataque – O plenário do STF não deveria confirmar a liminar do Min. Lewandowski. *In*: SUNDFELD, Carlos Ari; JORDÃO, Eduardo; MOREIRA, Egon Bockmann; MARQUES NETO, Floriano de Azevedo; BINENBOJM, Gustavo; MENDONÇA, José Vicente Santos de; CÂMARA, Jacintho Arruda; JUSTEN FILHO, Marçal; PRADO, Mariana Mota; MONTEIRO, Vera. *Publicistas*: direito administrativo sob tensão. Belo Horizonte: Fórum, 2023. v. 2. p. 83-84. ISBN 978-65-5518-591-1.

A LEI Nº 14.133 APLICA-SE ÀS ESTATAIS (AO MENOS, EM PARTE) – A DISCIPLINA DA NOVA LEI DE LICITAÇÕES SOBRE NULIDADE APLICA-SE ÀS ESTATAIS

MARÇAL JUSTEN FILHO

A Lei nº 14.133 estabelece, no §1º do art. 1º, que as suas regras (excetuadas as do art. 178) não se aplicam às sociedades estatais disciplinadas pela Lei nº 13.303. Essa previsão deve ser interpretada em termos.

As poucas e lacônicas regras da Lei das Estatais sobre nulidades refletem aquele modelo obsoleto consagrado na Lei nº 8.666. O art. 62 da Lei nº 13.303 alude à convalidação de vício, sem se aprofundar sobre o cabimento. O seu §2º reitera a previsão tradicional da antiga Lei de Licitações de que "A nulidade da licitação induz à do contrato".

Na prática, isso conduziu à tendência de aplicar às licitações e contratações das estatais as regras de nulidade constantes da Lei nº 8.666 – as quais foram abandonadas pela Lei nº 14.133.

De modo geral, a ausência de aplicação da Lei nº 14.133 às sociedades estatais decorre do pressuposto de que as suas regras são dotadas de rigidez incompatível com a atividade empresarial. O regime jurídico das sociedades estatais é menos severo e formalístico do que o adotado para as entidades administrativas com personalidade de direito público. As regras sobre procedimento licitatório e regime contratual, quando vinculadas à natureza pública da entidade administrativa, não incidem sobre as sociedades estatais.

Mas há normas da Lei nº 14.133 que não refletem o regime de direito público e que, por decorrência, são aplicáveis às sociedades estatais. Entre elas, encontram-se aquelas dos arts. 147 e 148, que dispõem sobre a disciplina da nulidade na licitação e na contratação. Esses dispositivos afastaram a solução tradicional do direito público brasileiro e adotaram um modelo muito mais flexível, vinculado às circunstâncias concretas da realidade. Suas regras são norteadas a assegurar a eficiência da atuação das entidades administrativas com personalidade de direito público.

Ora, a exploração empresarial inerente à atividade desenvolvida pelas sociedades estatais exige flexibilidade, exatamente para promover a eficiência.

Seria um paradoxo adotar para as sociedades estatais regime mais rígido e formalista do que o das entidades administrativas de direito público. Isso conduziria à invalidação automática de ato nulo envolvendo licitação e contratação de sociedade estatal, contrariamente ao que se passa quanto à atividade administrativa de direito público. Essa orientação teria como único fundamento a redação do art. 1º, §1º, da Lei nº 14.133. Isso é insuficiente. Os demais elementos normativos e métodos hermenêuticos devem ser considerados.

No tema da nulidade, a Lei nº 13.303 foi superada pela Lei nº 13.655/2018, que alterou a LINDB e previu, inclusive para as sociedades estatais, a preservação de efeitos de atos nulos.

A eficiência é exigência inafastável quanto à atuação administrativa – especialmente em relação às sociedades estatais. Uma regra orientada à eficiência, embora pertinente à atuação da Administração com personalidade de direito público, também é aplicável às sociedades estatais. Orientação diversa viola a proporcionalidade.

Informação bibliográfica deste texto, conforme a NBR 6023:2018 da Associação Brasileira de Normas Técnicas (ABNT):

JUSTEN FILHO, Marçal. A Lei nº 14.133 aplica-se às estatais (ao menos, em parte) – A disciplina da Nova Lei de Licitações sobre nulidade aplica-se às estatais. *In*: SUNDFELD, Carlos Ari; JORDÃO, Eduardo; MOREIRA, Egon Bockmann; MARQUES NETO, Floriano de Azevedo; BINENBOJM, Gustavo; MENDONÇA, José Vicente Santos de; CÂMARA, Jacintho Arruda; JUSTEN FILHO, Marçal; PRADO, Mariana Mota; MONTEIRO, Vera. *Publicistas*: direito administrativo sob tensão. Belo Horizonte: Fórum, 2023. v. 2. p. 85-86. ISBN 978-65-5518-591-1.

PARTE VII

PROCESSOS ADMINISTRATIVOS

A LEI Nº 14.210/21 E AS DECISÕES COORDENADAS – VETOS MUTILARAM A LEI (JÁ DE ESPECTRO LIMITADO), MAS INTERPRETAÇÃO PODERÁ EVITAR MAL DO "SINO SEM BADALO"

GUSTAVO BINENBOJM

A Lei nº 14.210/2021 introduziu, na Lei nº 9.784/1999, os arts. 49-A a 49-G, passando a contemplar um novo procedimento decisório para a Administração: a decisão coordenada. Quando diferentes setores, órgãos ou entidades tiverem de decidir acerca de um mesmo problema (ou sobre aspectos distintos dele), o rito e a instrução poderão ser unificados, conduzindo a uma desejável decisão conjunta. A reunião induzida de autoridades dentro de um único procedimento tende a simplificar os trâmites, promover celeridade e estimular soluções interadministrativas consensuais, dotadas de maior segurança jurídica. A inspiração vem das experiências italiana e portuguesa, testadas, com algum sucesso, na Bahia e em Minas Gerais.

Mas a lei brasileira é demasiado tímida e foi mutilada por vetos presidenciais. Primeiro: ela tem caráter federal, e não nacional. Deixa de fora arranjos interfederativos, parte significativa do problema. Bastava invocar o art. 24, inc. XI, dando ao dispositivo o caráter de norma geral de procedimento em matéria processual. Segundo: o art. 49-A exige que três ou mais setores, órgãos ou entidades tenham alguma discordância para que possa haver decisão coordenada. Por que três, e não dois? Há inúmeros e sérios problemas que envolvem apenas duas instâncias decisórias. Terceiro: o §6º do art. 49-A preexcluiu do âmbito das decisões coordenadas matérias relacionadas ao poder sancionador e afetas a poderes distintos. Também aqui a opção legislativa, de tão prudente, beira ao excesso de timidez. Há relevantes questões administrativas relativas à aplicação de punições ou de competência de diferentes poderes que poderiam ser resolvidas coordenadamente.

Além disso, quatro dispositivos do projeto de lei foram vetados: (i) o §3º do art. 49-A; (ii) o *caput* e o §1º do art. 49-C; (iii) o §2º do art. 49-C; e (iv) o §2º do art. 49-A e do art. 49-G. Os vetos não foram irrelevantes. No texto promulgado inexiste previsão sobre as formas de convocação do procedimento de coordenação – nem de ofício, pela(s) autoridade(s) máxima(s) de entidades governamentais, nem por provocação dos interessados previstos no art. 9º da Lei nº 9.784/1999. Outro veto sensível foi o que retirou o caráter vinculante das decisões coordenadas, abrindo uma brecha para seu possível questionamento quando conveniente.

Algumas soluções hermenêuticas podem evitar o efeito "sino sem badalo": (i) entendida como norma geral de procedimento administrativo, ela se torna aplicável a todos os entes federativos; (ii) duas instâncias decisórias podem, voluntariamente, celebrar um negócio jurídico processual pelo qual o procedimento da decisão coordenada será aplicado a um caso determinado; (iii) as vedações do §6º do art. 49-A, como normas excepcionais, interpretam-se restritivamente; (iv) a convocação do procedimento pode ser restabelecida em regulamento, pois há na lei resquícios alusivos a ela, nos arts. 49-F e 49-G. A interpretação finalística será a ponte entre os ideais abstratos do legislador e a realização de objetivos concretos.

Informação bibliográfica deste texto, conforme a NBR 6023:2018 da Associação Brasileira de Normas Técnicas (ABNT):

BINENBOJM, Gustavo. A Lei nº 14.210/21 e as decisões coordenadas – Vetos mutilaram a lei (já de espectro limitado), mas interpretação poderá evitar mal do "sino sem badalo". *In*: SUNDFELD, Carlos Ari; JORDÃO, Eduardo; MOREIRA, Egon Bockmann; MARQUES NETO, Floriano de Azevedo; BINENBOJM, Gustavo; MENDONÇA, José Vicente Santos de; CÂMARA, Jacintho Arruda; JUSTEN FILHO, Marçal; PRADO, Mariana Mota; MONTEIRO, Vera. *Publicistas*: direito administrativo sob tensão. Belo Horizonte: Fórum, 2023. v. 2. p. 89-90. ISBN 978-65-5518-591-1.

UMA LEI DE PROCESSO ADMINISTRATIVO NACIONAL? – O TEMA FOI LEVANTADO EM AUDIÊNCIA PÚBLICA NO SENADO FEDERAL PARA COLHER SUGESTÕES DE MODERNIZAÇÃO DA LEGISLAÇÃO SOBRE PROCESSO ADMINISTRATIVO

JACINTHO ARRUDA CÂMARA

O Senado instituiu comissão de juristas para elaborar propostas de modernização na legislação de processo administrativo e tributário. No início dos trabalhos, foram abertos procedimentos de consulta e audiência públicas para recebimento de sugestões.

Uma das sugestões lançadas na audiência pública realizada semana passada foi a de tornar nacional a lei de processo administrativo. A lei atual (Lei nº 9.784, de 1999), como se sabe, se destina apenas a entidades federais. Sua abrangência foi definida a partir do entendimento de que não haveria competência da União para disciplinar o processo administrativo de outros entes federativos. O tema seria inerente à competência de auto-organização de cada ente federativo, o que limitaria a competência do Congresso à esfera federal.

Foi defendida, porém, outra interpretação das competências legislativas da União. O processo administrativo, nessa outra visão, seria parte do "direito processual", para o qual a União dispõe de competência legislativa privativa (art. 22, I, da CF). Corrobora essa leitura a inclusão do processo administrativo na garantia fundamental ao devido processo legal (art. 5º, LV, da CF).

Se a questão da competência legislativa for superada, restará ainda importante reflexão sobre a conveniência de se estender o mesmo processo administrativo a todas as estruturas administrativas do país. As realidades díspares dos diversos entes seriam bem disciplinadas por um único diploma legal ou seria mais conveniente manter o sistema atual?

Se for mantido o padrão da lei atual, de cunho principiológico e minimalista, a nacionalização fica mais viável. Não é difícil padronizar princípios gerais de processo, regras sobre invalidação, motivação, recurso, interesse processual etc. Acontece que também existem propostas para criação de regras mais específicas e cogentes. Nessa linha, seria concebida uma lei mais detalhada, maximalista. Se for assim, a nacionalização da lei de processo terá problemas práticos a enfrentar, inclusive na obtenção de consenso para sua aprovação.

As recentes inclusões feitas na Lei de Introdução às Normas do Direito Brasileiro – LINDB fornecem exemplo da dificuldade a ser superada. Lei nacional, a LINDB passou a tratar de temas correlatos aos que podem ser tratados em lei de processo administrativo (invalidação, aplicação de novas interpretações, motivação, celebração de acordos pela administração, entre outras medidas). Em ponto que fixava dever jurídico mais concreto – a publicação das contribuições e das análises realizadas em consulta pública de ato normativo – houve veto (§ 2º do art. 29).

A viabilidade de uma lei nacional, ao que parece, para além de exigir a consolidação de hermenêutica que legitime a competência da União, passará pela adequação de seu perfil à multiplicidade de sujeitos. Lei maximalista dificilmente conseguirá o consenso para ser imposta nacionalmente. Se o objetivo for criar lei extensa e detalhista, sua abrangência fatalmente se limitará à Administração federal.

Informação bibliográfica deste texto, conforme a NBR 6023:2018 da Associação Brasileira de Normas Técnicas (ABNT):

CÂMARA, Jacintho Arruda. Uma lei de processo administrativo nacional? – O tema foi levantado em audiência pública no Senado Federal para colher sugestões de modernização da legislação sobre processo administrativo. *In*: SUNDFELD, Carlos Ari; JORDÃO, Eduardo; MOREIRA, Egon Bockmann; MARQUES NETO, Floriano de Azevedo; BINENBOJM, Gustavo; MENDONÇA, José Vicente Santos de; CÂMARA, Jacintho Arruda; JUSTEN FILHO, Marçal; PRADO, Mariana Mota; MONTEIRO, Vera. *Publicistas*: direito administrativo sob tensão. Belo Horizonte: Fórum, 2023. v. 2. p. 91-92. ISBN 978-65-5518-591-1.

O DIREITO ADMINISTRATIVO BRASILEIRO ENTRE ESCOMBROS E POSSIBILIDADES – EM DEFESA DO MINIMALISMO NA REFORMA DA LEI DO PROCESSO ADMINISTRATIVO (E MAIS: UMA FÁBULA SOBRE MUDANÇAS, PERDAS E GANHOS)

JOSÉ VICENTE SANTOS DE MENDONÇA

(1)

Era uma vez uma disciplina chamada Direito Administrativo. Escanteada nas festinhas, falava com pouca gente, diziam que era chata, quadradona; estava preocupada com organizações, atos, fatos, servidores. Sua única gracinha era falar francês. Os mais cínicos diziam que ela só tinha utilidade para descolar uma prebenda via concurso público. Enquanto seu primo exuberante, o Direito Constitucional – esse cara de princípios –, voava longe, ela ficava lá, intocada no mérito.

Até que um dia cansou. Foi a Nova Iorque, Boston, Connecticut. Aprendeu inglês, redigiu contratos, amigou-se com a economia, a ciência política, a psicologia. Experimentou. Dizem que voltou americanizada: era outra, mais rica, fluente, versátil. Depois foi o que se sabe. Atraía muita gente, interessante, interessada. Não tinha mais aquela supremacia de si. Aliás, diziam que com ela agora era no consenso, era no diálogo. Gestora do próprio nariz. Des-cons-tru-í-da.

Mas, às vezes, em certas noites, olhando para trás, ela se perguntava quem de fato era, e o que perdera e o que ganhara. Então ela se lembrava da frase de William James, que dizia que a ordem do mundo é tão distante dos nossos interesses subjetivos que somos incapazes de imaginar como ela é, temos que quebrá-la; em história, arte, ciências ou simples escombros. Aí sim nos sentimos em casa.

(2)

O projeto de lei que viria a dar na Lei nº 9.784/99, a Lei do Processo Administrativo Federal, foi aprovado sem alterações, tal como veio da comissão de juristas liderada por Caio Tácito. E, em vinte e quatro anos, só sofreu três alterações. É lei minimalista, que fala pouco mas fala seguro. Há, agora, nova comissão, que busca aprimorá-la. Depois de tanto tempo, a lei envelheceu – bem. Merece ser atualizada para flexibilizar formalidades, tratar de processos repetitivos, admitir convenções processuais, regular o silêncio administrativo, enfrentar o *bis in idem*, abrir-se à tecnologia.

Mas oxalá não se busque estendê-la em demasia ou tratar de tudo. A comissão de juristas andará bem ao fazer alterações seguras, mas pontuais. Será difícil, bem difícil. É que a ordem do mundo é tão distante dos nossos interesses subjetivos, que temos que quebrá-la, em história, arte, direito, capítulos, escombros. Aí sim nos sentimos em casa.

Informação bibliográfica deste texto, conforme a NBR 6023:2018 da Associação Brasileira de Normas Técnicas (ABNT):

CÂMARA, Jacintho Arruda. O direito administrativo brasileiro entre escombros e possibilidades – Em defesa do minimalismo na reforma da Lei do Processo Administrativo (e mais: uma fábula sobre mudanças, perdas e ganhos). *In*: SUNDFELD, Carlos Ari; JORDÃO, Eduardo; MOREIRA, Egon Bockmann; MARQUES NETO, Floriano de Azevedo; BINENBOJM, Gustavo; MENDONÇA, José Vicente Santos de; CÂMARA, Jacintho Arruda; JUSTEN FILHO, Marçal; PRADO, Mariana Mota; MONTEIRO, Vera. *Publicistas*: direito administrativo sob tensão. Belo Horizonte: Fórum, 2023. v. 2. p. 93-94. ISBN 978-65-5518-591-1.

UMA LEI DE PROCESSO ADMINISTRATIVO NACIONAL E O PACTO FEDERATIVO – FIQUEM TRANQUILOS: A NACIONALIZAÇÃO DA LEI NÃO AFETARÁ A AUTONOMIA DOS ENTES SUBNACIONAIS

JACINTHO ARRUDA CÂMARA

Comentei neste espaço que a comissão de juristas instituída pelo Senado para reformar a Lei de Processo Administrativo Federal (Lei nº 9.784, de 1999) poderia propor a sua nacionalização. A ideia, de fato, foi apresentada e convertida no Projeto de Lei nº 2.481, de 2022.

Como esperado, houve reação de parte da comunidade jurídica, que considera a proposta contrária ao princípio federativo. A imposição, pelo Congresso, de normas sobre processo administrativo a todos os entes federativos invadiria competências próprias à auto-organização desses entes.

A preocupação quanto à invasão de competências dos entes subnacionais é relevante. Feriria suas autonomias se, a pretexto de editar norma de processo administrativo, o legislador nacional disciplinasse o próprio exercício das competências estaduais e municipais (divisão interna de competências, tramitação de matérias, critérios de atribuição de direitos, fixação de sanções administrativas e assim por diante).

Contudo, há direitos e garantias dos particulares em face do Poder Público que precisam ser reconhecidos e aplicados de maneira uniforme em todas as esferas. Esse padrão mínimo deve ser obedecido por qualquer entidade da Administração Pública, sendo por isso importante que lei nacional o imponha. A atual lei de processo administrativo federal já pode ser nacionalizada sem ofender qualquer competência inerente à autonomia dos entes subnacionais. O STJ reconhece tal característica da lei vigente e a aplica subsidiariamente aos entes desprovidos de lei processual própria.

Difícil sustentar que, por força do princípio federativo, entes subnacionais devam ter regras próprias sobre aplicação de princípios de direito administrativo; definição dos legitimados a participar de processos administrativos; segurança e transparência nos processos administrativos eletrônicos; revogação, anulação e convalidação de atos administrativos; garantias básicas dos processos de cunho sancionatório e assim por diante. Esses assuntos, que compõem o cerne do projeto em debate, merecem tratamento uniforme. Eles não afetam a autonomia administrativa de estados ou municípios. Todos os entes da Federação continuarão aptos a disciplinar o que a autonomia administrativa lhes reserva.

Assuntos de ordem mais concreta abordados pelo projeto, como a fixação de prazos para deliberar e a previsão de instrumentos de atuação, receberam tratamento que respeita à autodeterminação de cada ente federativo. Boa parte dessas normas tem caráter meramente autorizativo. Quando não, elas estipulam padrões (como o prazo para decidir um processo), mas admitem criação de regra legal diferente, a depender da conveniência de cada ente.

Espero que os debates parlamentares se ocupem mais com o aperfeiçoamento das ideias abordadas no projeto do que com a polêmica sobre a nacionalização da lei. O projeto não propõe usurpação de competências reservadas a outros entes federativos. O pacto federativo não está em risco. Leiam o projeto e fiquem tranquilos.

Informação bibliográfica deste texto, conforme a NBR 6023:2018 da Associação Brasileira de Normas Técnicas (ABNT):

CÂMARA, Jacintho Arruda. Uma lei de processo administrativo nacional e o pacto federativo – Fiquem tranquilos: a nacionalização da lei não afetará a autonomia dos entes subnacionais. *In*: SUNDFELD, Carlos Ari; JORDÃO, Eduardo; MOREIRA, Egon Bockmann; MARQUES NETO, Floriano de Azevedo; BINENBOJM, Gustavo; MENDONÇA, José Vicente Santos de; CÂMARA, Jacintho Arruda; JUSTEN FILHO, Marçal; PRADO, Mariana Mota; MONTEIRO, Vera. *Publicistas*: direito administrativo sob tensão. Belo Horizonte: Fórum, 2023. v. 2. p. 95-96. ISBN 978-65-5518-591-1.

PARTE VIII

REFORMAS PARA O DIREITO ADMINISTRATIVO

O DIREITO ADMINISTRATIVO NA ENCRUZILHADA – ALGUMAS IDEIAS PARA O FUTURO

FLORIANO DE AZEVEDO MARQUES NETO

Em artigo recente, Carlos Ari Sundfeld fez um diagnóstico atual sobre o direito administrativo e prognosticou o surgimento de um novo modelo, mais fragmentário e disfuncional.

Compartilho sua visão de esgotamento do modelo e das causas que aponta. Mas creio que quem está em crise é a vulgata em que o direito administrativo se transformou. Promovido como capaz de proteger o indivíduo do abuso do poder e conter a ação do Estado, este ramo jurídico foi se convertendo em salvo conduto para coartar os privados ou bloquear ações inovadoras aptas a tornar o Estado mais útil ao cidadão. Especialmente no Brasil, sob o influxo do patrimonialismo, do positivismo autoritário e do pretorianismo que marcam a estrutura do Estado brasileiro, nosso direito administrativo nunca seguiu a expectativa liberal de ser um direito de proteção do indivíduo.

Consolidou-se como cidadela jurídica das burocracias públicas, que ora bloqueiam o que não desejam, ora tudo justificam quando lhes é conveniente. Na falta de uma jurisdição administrativa, o administrativismo passou a corresponder aos desígnios da burocracia. É ela que interpreta o que seja o "interesse público", apoiando-se nos ditames dos cardeais da doutrina. Nada disso mais se sustenta.

A figura do jurista perdeu importância. Não apenas porque multiplicam-se exponencialmente seus simulacros, de autores de livros em quadrinhos a "juristas de TikTok". Perdem relevância porque não cabe mais apenas a eles, vivos ou redivivos em edições infinitas *post mortem*, interpretar o direito administrativo.

É o fundamentalismo administrativista que apresenta sinais de colapso. Tal qual ocorreu com a religião ao tempo das reformas protestantes, esse fundamentalismo entra em crise pois (i) começa a ser "interpretado" por múltiplos "pastores" (tribunais de contas, ministérios públicos, autoridades disputantes das competências sobrepostas) e (ii) não mais atende às necessidades, materiais ou ideológicas, da contemporaneidade.

O novo direito público vai sendo construído na prática.

Ele é desafiado a ser menos principiológico e mais comprometido com a eficiência e a eficácia. Resultados importam. Tem que ser aberto à inovação e ao experimentalismo: o novo não pode ser suspeito de ilícito. Mais dialógico e menos baseado na autoridade. Muito menos hierárquico e mais matricial.

Livre da pretensão sistêmica de um regime jurídico único e coerente, terá que conviver com inúmeros subsistemas dotados de identidade e diferenciação. E, acima de tudo, o sistema jurídico-administrativo perde a sua ambição de suficiência e coerência internas para ser bem mais permeável ao ambiente político e econômico. A "pureza" metodológica cede ao sincretismo multidisciplinar.

O direito administrativo surgiu de necessidades concretas do liberalismo e da ordem capitalista. Tornou-se crescentemente antiliberal e não republicano. As necessidades contemporâneas exigem sua refundação.

O direito não inaugura o novo tempo. Ele apenas se adapta à realidade.

Informação bibliográfica deste texto, conforme a NBR 6023:2018 da Associação Brasileira de Normas Técnicas (ABNT):

MARQUES NETO, Floriano de Azevedo. O direito administrativo na encruzilhada – Algumas ideias para o futuro. *In*: SUNDFELD, Carlos Ari; JORDÃO, Eduardo; MOREIRA, Egon Bockmann; MARQUES NETO, Floriano de Azevedo; BINENBOJM, Gustavo; MENDONÇA, José Vicente Santos de; CÂMARA, Jacintho Arruda; JUSTEN FILHO, Marçal; PRADO, Mariana Mota; MONTEIRO, Vera. *Publicistas*: direito administrativo sob tensão. Belo Horizonte: Fórum, 2023. v. 2. p. 99-100. ISBN 978-65-5518-591-1.

DIREITO PÚBLICO NOS PROGRAMAS DE GOVERNO – COMO CONHECER MAIS A FUNDO O QUE OS CANDIDATOS PENSAM SOBRE AS DISFUNCIONALIDADES DO ESTADO?

VERA MONTEIRO

Quase todos os candidatos a cargos do Executivo e do Legislativo federal prometem entregar políticas públicas de qualidade, capazes de garantir melhores serviços à população e promover a inclusão, com o combate à pobreza e a redução dos níveis de desigualdade do país. Mas, para isso, eles teriam de apoiar reformas para modernizar a Administração Pública em todos os níveis federativos, reformular de forma abrangente a gestão dos servidores públicos, revisar o papel e a forma de organização dos controles públicos, reverter a politização dos órgãos de controle externo e combater a judicialização oportunista de contratações públicas ou contra agentes públicos.

A lista de ações para superar a disfuncionalidade do Estado é ampla. São medidas técnicas, que precisam de suporte em dados e evidências. E consensos precisam ser construídos. Não há soluções simples.

Talvez por isso seja positivo que os programas dos candidatos que estão no segundo turno das eleições não tenham escolhido temas do direito público para se cacifar. Não há reforma constitucional em matéria administrativa que, por si mesma, possa salvar a gestão pública. É provável que ela serviria mais à retórica vazia e para postergar a busca de soluções adequadas para os supersalários e para as contratações temporárias de pessoal, por exemplo.

Mas seria útil que os candidatos manifestassem alguma opinião sobre ao menos quatro projetos de lei ou de emenda constitucional em tramitação no Congresso Nacional envolvendo temas de direito público.

Serviria ao debate ir além de ideias vagas, ajudando na elaboração de técnicas e estratégias.

O candidato que diz ter como bandeira uma agenda anticorrupção deveria, por exemplo, posicionar-se sobre a PEC nº 329/2013 e a proposta de incluir na Constituição Federal, entre outras coisas, o Sistema Nacional de Tribunais de Contas, que teria entre suas prioridades o combate à corrupção. Seria esse caminho adequado para fortalecer a agenda anticorrupção? É bom lembrar que esses órgãos de controle nunca tiveram formalmente este papel. Para mim, isto seria um retrocesso, pois tornaria ainda mais complexo o sistema, com órgãos, responsabilidades e jurisdições sobrepostas e conflitantes.

Uma iniciativa anticorrupção com essas características, num cenário em que contestações repetidas contra a ação administrativa passaram a fazer parte do cotidiano dos servidores públicos, tenderia a potencializar a inércia, a aversão ao risco, a piora na tomada de decisões e o sufocamento da inovação no governo.

Já o candidato que fala em valorização do serviço público precisaria ter opinião sobre o PL nº 2.258/2022 que trata da modernização dos concursos públicos. O projeto tem o grande mérito de abrir caminho para a melhoria da máquina administrativa em todos os entes federativos.

Além dessas duas propostas, seria interessante saber o que os candidatos pensam da PEC nº 32/2020 (reforma administrativa) e do PL nº 2.721/2021 (supersalários). Enfim, esse tipo de debate sobre direito público contribuiria nas eleições.

Informação bibliográfica deste texto, conforme a NBR 6023:2018 da Associação Brasileira de Normas Técnicas (ABNT):

MONTEIRO, Vera. Direito público nos programas de governo – Como conhecer mais a fundo o que os candidatos pensam sobre as disfuncionalidades do Estado?. *In*: SUNDFELD, Carlos Ari; JORDÃO, Eduardo; MOREIRA, Egon Bockmann; MARQUES NETO, Floriano de Azevedo; BINENBOJM, Gustavo; MENDONÇA, José Vicente Santos de; CÂMARA, Jacintho Arruda; JUSTEN FILHO, Marçal; PRADO, Mariana Mota; MONTEIRO, Vera. *Publicistas*: direito administrativo sob tensão. Belo Horizonte: Fórum, 2023. v. 2. p. 101-102. ISBN 978-65-5518-591-1.

DIREITO PÚBLICO POR UM FIO – A VITÓRIA DA DEMOCRACIA É VITAL À REFORMA PÚBLICA NO BRASIL

CARLOS ARI SUNDFELD

Já que mudanças são naturais ao mundo público, o destino do direito público é a metamorfose. A sabedoria está em barrar deteriorações, cuidar do patrimônio jurídico e abrir caminhos para fazê-lo avançar (e não retroceder). Desafios da reforma como função pública permanente.

Algo importante a reformar no Brasil são os controles exteriores à Administração Pública. Vamos ter de mexer no controle de contas e nos processos judiciais e torná-los equilibrados e mais deferentes (sobre isto, Eduardo Jordão aqui na *Publicistas*). Só que, para viabilizá-los, a governança administrativa interna também vai ter de melhorar, e muito (sobre isto, meu artigo com Conrado Tristão). Reformas interligadas, bem difíceis.

A Lei das Estatais de 2016, e sua aplicação nesses 6 anos, são um patrimônio, exemplo do que preservar (tema de Marçal Justen). Seu objetivo, como reconhecido pela OCDE, foi blindar as estatais do assédio (político-partidário, corporativo e empresarial) por meio de uma governança poderosa, estável e comprometida com o sistema interno de conformidade. Na visão de Ana Paula Vescovi, a lei tem ajudado: em 4 anos, valorizou-se em 75% o patrimônio líquido da União em suas controladas.

Missão mais delicada está em outra frente: reverter a dissipação e a sabotagem de instrumentos ou valores fundamentais de nosso direito público.

O que veio acontecendo com a Carta de 1988 em seus 30 anos iniciais foi uma dissipação paulatina. De um lado, pelas sucessivas emendas constitucionais para atender a circunstâncias e grupos de interesse; de outro, por uma jurisdição constitucional prolixa, inconstante e personalista. Nosso direito constitucional foi perdendo estrutura e densidade.

A coisa piorou desde 2019, depois que se acionou o modo sabotagem. O emendamento constitucional cresceu (só em 2022 já foram 8 ECs, sem contar a PEC Kamikaze) e, pior, passou a servir à destruição das bases mínimas do direito público, como a transparência e equilíbrio nas contas públicas. Em paralelo, vagas no Supremo Tribunal Federal, cúpula da jurisdição constitucional, iam abrindo autênticas guerras de ocupação.

Tudo coerente com a ação política oportunista e contra instituições do presidente da República e seu grupo, obrigando o STF a virar "controlador de normalidade", como notou José Vicente. Mas é um papel arriscado. Ou alguém acha simples o STF, em nome do equilíbrio eleitoral, anular algo como a PEC Kamikaze, a que o Parlamento aderiu em peso?

No curtíssimo prazo, teremos de gerenciar os riscos criados pela dissipação e, mais ainda, pela sabotagem. Se funcionar, a prioridade jurídica seguinte, a disputar a congestionada agenda política de urgências, será reverter o inflacionismo da Constituição, reformar a jurisdição constitucional e voltar à normalidade, inclusive no Sistema de Justiça. E aí abrir espaço para reformar em conjunto os controles públicos e a governança interna da Administração.

Para isso, neste outubro de 2022, a democracia tem de vencer no Brasil. Sem ela, não há chance de o direito público avançar.

Informação bibliográfica deste texto, conforme a NBR 6023:2018 da Associação Brasileira de Normas Técnicas (ABNT):

SUNDFELD, Carlos Ari. Direito público por um fio – A vitória da democracia é vital à reforma pública no Brasil. *In*: SUNDFELD, Carlos Ari; JORDÃO, Eduardo; MOREIRA, Egon Bockmann; MARQUES NETO, Floriano de Azevedo; BINENBOJM, Gustavo; MENDONÇA, José Vicente Santos de; CÂMARA, Jacintho Arruda; JUSTEN FILHO, Marçal; PRADO, Mariana Mota; MONTEIRO, Vera. *Publicistas*: direito administrativo sob tensão. Belo Horizonte: Fórum, 2023. v. 2. p. 103-104. ISBN 978-65-5518-591-1.

O *RESET* DA REFORMA ADMINISTRATIVA – É PRECISO DESLIGAR E RELIGAR O DEBATE PÚBLICO SOBRE O TEMA PARA QUE ELE VOLTE RESTAURADO

VERA MONTEIRO

Estou entre aquelas que acha que a PEC nº 32 é inócua porque ela não mexe nas regras dos servidores atuais. Como escreveu Carlos Ari Sundfeld aqui na Coluna *Publicistas*, a PEC nº 32 mata a reforma e não resolve a ineficiência do Estado, "a mudança constitucional útil é desconstitucionalizar temas e normatizações e abrir espaço para reformas serem negociadas com vagar no plano legal e infralegal".

Por isso, para trazer a reforma de volta, a primeira medida necessária é enterrar a PEC nº 32 e seguir na linha de que ela não depende de alteração constitucional para acontecer. A segunda é mergulhar no temário e estabelecer uma ordem de prioridades.

Nessa trilha, há algumas ações importantes a serem tomadas, que se dividem em dois grupos: as que abrangem os três níveis federativos e incidirão sobre todos os poderes e as que terão impacto limitado a uma esfera federativa.

Quanto ao primeiro grupo, há ao menos três reformas necessárias.

A primeira é a modernização dos concursos públicos com a aprovação do PL nº 2.258/2022 (aprovado por unanimidade na Câmara e aguardando para deliberação do plenário do Senado). O concurso é a porta de entrada das pessoas que farão carreira pública. Se o projeto for aprovado, será a primeira lei nacional sobre o tema. Quem mais faz concursos são os municípios, e é quem tem mais dificuldade para fazê-los. O PL traz regras para o planejamento da força de trabalho (padronizando informações mínimas que o edital deve conter) e autoriza o uso de técnicas atuais e relevantes para bem recrutar, permitindo que competências e habilidades sejam avaliadas, para além do conhecimento de manual. O concurso que só avalia conhecimento não se abre à diversidade (só entra quem tem tempo e condições financeiras de estudar), nem atrai pessoas vocacionadas e motivadas. O PL, se aprovado, poderá baratear o procedimento, ao atualizar a infraestrutura necessária para a sua realização e permitir a modalidade de concurso digital.

A segunda é a aprovação do PL nº 2.721/2021, que regulamenta e aplica o teto remuneratório, restringindo a incidência de verbas indenizatórias. A terceira é a elaboração e proposta de lei nacional sobre contratação de temporários. Já escrevi sobre o tema na Coluna *Publicistas*.

Quanto ao segundo grupo (das reformas que terão impacto limitado à esfera federativa), remeto ao *Subsídios Para uma Reforma Administrativa Voltada à Cidadania*, documento de iniciativa de um grupo de especialistas que contou com o apoio do Ipea e do República.org para propor uma agenda de políticas na área de gestão pública de pessoas. Deve a União Federal – especialmente via Secretaria Extraordinária para a Transformação do Estado do Ministério da Gestão e da Inovação em Serviços Públicos – trabalhar para vir a aprovar normas que (a) redesenhem e reduzam a quantidade de carreiras no serviço público para modelos mais unificados e abrangentes, inclusive com relação aos salários; (b) regulamentem a avaliação de desempenho; e (c) regulamentem políticas de atração, pré-seleção e gestão de cargos de liderança. Sua aplicabilidade será exclusiva na esfera federal, mas a normatização pode servir de inspiração e de base para os entes subnacionais.

Informação bibliográfica deste texto, conforme a NBR 6023:2018 da Associação Brasileira de Normas Técnicas (ABNT):

MONTEIRO, Vera. O reset da reforma administrativa – É preciso desligar e religar o debate público sobre o tema para que ele volte restaurado. *In*: SUNDFELD, Carlos Ari; JORDÃO, Eduardo; MOREIRA, Egon Bockmann; MARQUES NETO, Floriano de Azevedo; BINENBOJM, Gustavo; MENDONÇA, José Vicente Santos de; CÂMARA, Jacintho Arruda; JUSTEN FILHO, Marçal; PRADO, Mariana Mota; MONTEIRO, Vera. *Publicistas*: direito administrativo sob tensão. Belo Horizonte: Fórum, 2023. v. 2. p. 105-106. ISBN 978-65-5518-591-1.

REGULAÇÃO DE REDES SOCIAIS: ENTRE REMÉDIOS E VENENOS – DISCUSSÃO AVANÇA NO CONGRESSO NACIONAL, MAS PRECISAMOS NOS VACINAR CONTRA A TENTAÇÃO DA CENSURA

GUSTAVO BINENBOJM

O Projeto de Lei nº 2.630/2020, aprovado no Senado, tramita na Câmara dos Deputados em regime de urgência e caminha a passos largos para possível aprovação. Os ataques às sedes dos poderes em 8.1.2023, urdidos livremente pelas plataformas, e os crimes bárbaros contra escolas, *viralizados* em grupos de mensagens, precipitaram a agenda do Parlamento brasileiro no enfrentamento de questões sobre as quais o mundo está debruçado. Não são triviais, nem há uma bala de prata redentora. As soluções propostas apresentam *trade-offs* claros que precisam ser sopesados antes da decisão final.

Foi-se o tempo em que teóricos da comunicação, como Manuel Castells e Eugenio Bucci, acreditavam na *neutralidade* das redes. Sabe-se hoje que algoritmos sofisticados interferem decisivamente no que vamos ler, ver e ouvir, induzindo comportamentos de consumo e posturas existenciais mais amplas. A curadoria de conteúdos está longe de equiparar-se a uma varredura desinteressada sobre o mérito das discussões, excluindo ou enfatizando pontos de vista que potencializam a capacidade da plataforma de atrair atenção e, por conseguinte, gerar lucros. Por fim, os conteúdos impulsionados mediante pagamento e campanhas massivas de desinformação, promoção de ódio, violência e ataques à democracia colocam em xeque o modelo de negócios baseado na pura autorregulação privada. Ela parece ter falhado ou, ao menos, revelou-se insuficiente.

O debate na Câmara, sob a relatoria do Deputado Orlando Silva, amadureceu em relação ao travado no Senado. Ao invés de investir no conceito de *fake news* – de resto, inglório, já que poderia resvalar para um monopólio da verdade –, o PL define com a precisão possível uma lista de *conteúdos ilícitos*. As plataformas passam a ter um *dever de cuidado* quanto ao conteúdo postado por terceiros. Se envolver violação a direitos de crianças e adolescentes, devem agir de ofício. Quanto aos demais, devem adotar as providências cabíveis quando notificadas, o que pode chegar à remoção do conteúdo (*notice and take down*). Na moderação, as redes devem justificar as suas ações, como porque algumas mensagens são censuradas e outras não, por razões legais ou fundadas nos termos de uso. Os usuários têm direito a um devido processo legal, com os meios e recursos a ele inerentes. Relatórios semestrais devem ser publicados dando conta à sociedade da atividade de curatela realizada pelas plataformas, a fim de que esse processo seja transparente, isonômico e possa ser reprogramado.

Numa decisão sábia, o relator retirou do PL a criação de um ente regulador. Além do vício de iniciativa evidente – porque o PL é de origem parlamentar – criar uma agência para normatizar, fiscalizar e sancionar nesse campo pode ser um tiro no pé da democracia. É desejável conceder um poder normativo amplo a um ente administrativo para construir e ampliar conceitos tão delicados como desinformação ou notícia fraudulenta? Juristas não podem ignorar a história e as lições do passado, para que o remédio não vire veneno.

Informação bibliográfica deste texto, conforme a NBR 6023:2018 da Associação Brasileira de Normas Técnicas (ABNT):

BINENBOJM, Gustavo. Regulação de redes sociais: entre remédios e venenos – Discussão avança no Congresso Nacional, mas precisamos nos vacinar contra a tentação da censura. *In*: SUNDFELD, Carlos Ari; JORDÃO, Eduardo; MOREIRA, Egon Bockmann; MARQUES NETO, Floriano de Azevedo; BINENBOJM, Gustavo; MENDONÇA, José Vicente Santos de; CÂMARA, Jacintho Arruda; JUSTEN FILHO, Marçal; PRADO, Mariana Mota; MONTEIRO, Vera. *Publicistas*: direito administrativo sob tensão. Belo Horizonte: Fórum, 2023. v. 2. p. 107-108. ISBN 978-65-5518-591-1.

QUEM TEM MEDO DA CONCORRÊNCIA NAS INFRAESTRUTURAS PÚBLICAS? – ABERTURA DO SETOR FERROVIÁRIO MOSTRA A COMPLEXIDADE DA COMPETIÇÃO

FLORIANO DE AZEVEDO MARQUES NETO

Por muito tempo entendeu-se que setores onde há monopólio natural deveriam ser explorados em regime de exclusividade de prestador. O setor ferroviário é um bom exemplo. Foi ele que propiciou, nos EUA, decisões judiciais que embasam a doutrina de regulação econômica naquele país.

A evolução tecnológica e regulatória tem feito a competição entrar no setor, ainda que tardiamente. Em países com malha capilarizada e madura, a concorrência se dá no compartilhamento da infraestrutura. Numa rede incipiente como a nossa, a competição pode se dar também na implementação de novas ferrovias.

Por aqui, a competição no setor começou há mais de uma década via instrumentos de compartilhamento (direito de passagem, operador multimodal). Com a MP nº 1.065 e a divulgação de concessões *greenfield*, abriu-se uma nova fronteira: a competição real entre malhas e entre eixos estruturantes de transporte, englobando a concorrência intermodal, com a possibilidade de rotas por ferrovias para portos hoje ociosos por falta de acesso adequado. Merecem destaque o projeto do Ferrogrão e a ampliação da autorização para implantação de novos trechos.

A introdução da competição traz reação dos incumbentes. Reação positiva ou de bloqueio. A positiva, esperada, se dá via esforços de eficiência e redução de preços para preservar mercados. Mas há também a adoção de práticas ilícitas para impedir ou atrasar competidores: redução artificial de preços, ardis para aumentar os custos de transação, práticas anticompetitivas (venda casada, por exemplo) ou litigância para retardar o investimento dos entrantes.

O Ferrogrão é um projeto fundamental para concorrência entre eixos multimodais. Cria uma opção Centro-Norte ao eixo de ligação Centro-Sudeste, cujo escoamento se dá pelo Porto de Santos. Certo que o projeto traz desafios ambientais. Mas superáveis, pois os ganhos, também ambientais, justificam. E os riscos podem ser mitigados. A reação judicial ao projeto pode indicar uma ação de bloqueio por parte dos interesses – e são muitos – ameaçados pela nova ferrovia.

O mesmo pode ser observado com a resistência à tramitação da MP. E no campo administrativo e regulatório, em face das novas autorizações para implantação de trechos novos. Verificam-se estratégias de criação de questões regulatórias artificiais ou de judicialização das outorgas, com as mais variadas justificativas para elevar os custos dos entrantes.

Nas autorizações, o investimento é feito com risco do investidor. Diferente da concessão, não há proteção às expectativas do operador. Nenhum sentido há em se ter exclusividade de autorização. Se mais de um interessado aventar, legitimamente, uma autorização numa região, o poder público poderá outorgar várias ou todas (com traçados compatíveis). Os riscos de o empreendimento fracassar são privados.

Estamos inaugurando um novo ciclo no setor ferroviário. O novo sempre causa ruídos e reações. Os reguladores parecem estar cientes disso. O Judiciário também deverá estar atento. Reagir à competição é esperado. Sabotá-la é ilícito e deve ser coibido.

Informação bibliográfica deste texto, conforme a NBR 6023:2018 da Associação Brasileira de Normas Técnicas (ABNT):

MARQUES NETO, Floriano de Azevedo. Quem tem medo da concorrência nas infraestruturas públicas? – Abertura do setor ferroviário mostra a complexidade da competição. *In*: SUNDFELD, Carlos Ari; JORDÃO, Eduardo; MOREIRA, Egon Bockmann; MARQUES NETO, Floriano de Azevedo; BINENBOJM, Gustavo; MENDONÇA, José Vicente Santos de; CÂMARA, Jacintho Arruda; JUSTEN FILHO, Marçal; PRADO, Mariana Mota; MONTEIRO, Vera. *Publicistas*: direito administrativo sob tensão. Belo Horizonte: Fórum, 2023. v. 2. p. 109-110. ISBN 978-65-5518-591-1.

PARTE IX

AUTONOMIA ADMINISTRATIVA NA REGULAÇÃO

TENSÕES ENTRE ESTADO DESENVOLVIMENTISTA E AGÊNCIAS REGULADORAS – HÁ RECEIO DE QUE O NOVO GOVERNO RESSUSCITE POLÍTICAS ECONÔMICAS E PRÁTICAS INSTITUCIONAIS ULTRAPASSADAS[1]

MARIANA MOTA PRADO

Semana passada, o anúncio de que o economista Aloísio Mercadante era o indicado para o BNDES foi duramente criticado. De um lado, há quem argumente que a nomeação viola a Lei das Estatais, que veda a nomeação de pessoas envolvidas com partidos políticos ou em campanhas eleitorais para cargos em empresas estatais. De outro, muitos manifestaram preocupação com o risco de o governo eleito embarcar novamente em uma política de promoção de campeões nacionais, que é apontada como totalmente equivocada por diversos economistas.

O buraco, todavia, é mais embaixo. A nomeação não aponta apenas para o risco de um retorno a uma política de campeões nacionais, mas sinaliza também que o governo poderia abraçar novamente políticas desenvolvimentistas. O desenvolvimentismo, em geral, é distinto do controle do Estado sobre a economia porque há intervenções estatais, mas essas ocorrem no contexto de um sistema capitalista de produção. Através de política industrial, incentivos fiscais, subsídios diretos e, às vezes, controle acionário, muitas dessas intervenções distorcem dinâmicas de mercado na busca de um objetivo econômico predeterminado.

---

1 Uma réplica a este texto, de autoria de Diogo R. Coutinho e Mario G. Schapiro, foi publicada no *website* do *JOTA*, sob o título "Regulação não necessariamente é mais imparcial que políticas industriais: Uma resposta a Mariana Prado" em 27.12.2022. A tréplica foi publicada sob o título "Agências reguladoras e o desenvolvimentismo: na prática, a teoria é outra", em 18.7.2023.

Há debates sobre a efetividade das políticas desenvolvimentistas, mas é preciso considerar também as implicações institucionais de um Estado desenvolvimentista. Há quem argumente que o Estado desenvolvimentista existe apenas em regimes autocráticos, enquanto outros acreditam que ele é compatível com sistemas democráticos. Enquanto há exemplos de países que conciliam o Estado desenvolvimentista com processos eleitorais, a questão fica um pouco mais espinhosa quando se tenta reconciliar tal Estado com práticas de transparência, imparcialidade e proteção de minorias (como argumentei aqui).

As tensões entre o Estado desenvolvimentista dos governos anteriores do PT e as agências reguladoras ilustram bem o problema. A implementação de políticas desenvolvimentistas não se coaduna com as instituições adotadas durante o processo de privatização. Com influência do consenso de Washington, as agências reguladoras foram concebidas dentro de um modelo neoliberal de atuação do Estado na economia. O Estado desenvolvimentista não subscreve esses pressupostos neoliberais. Portanto, a tensão era inevitável. A cuidadosa análise empírica de Mariana Batista da Silva mostra que a partir de 2003 as agências reguladoras brasileiras sofreram medidas que reduziram significativamente sua independência e efetividade. Essas medidas incluíram cortes orçamentários, renúncias e vacâncias (cargos vagos que não foram preenchidos).

Como argumentou Floriano de Azevedo Marques nessa coluna, espera-se que o novo governo reverta o desmonte das agências reguladoras que ocorreu durante o governo Bolsonaro. Todavia, o histórico dos governos do PT, aliado agora à nomeação de Mercadante, não parece indicar que estamos caminhando na direção certa. O mundo todo está em busca de um novo equilíbrio entre Estado e mercado, mas isso requer arranjos inovadores e não antigas práticas (tanto neoliberais quanto intervencionistas) que já se mostraram ineficazes.

Informação bibliográfica deste texto, conforme a NBR 6023:2018 da Associação Brasileira de Normas Técnicas (ABNT):

PRADO, Mariana Mota. Tensões entre Estado desenvolvimentista e agências reguladoras – Há receio de que o novo governo ressuscite políticas econômicas e práticas institucionais ultrapassadas. *In*: SUNDFELD, Carlos Ari; JORDÃO, Eduardo; MOREIRA, Egon Bockmann; MARQUES NETO, Floriano de Azevedo; BINENBOJM, Gustavo; MENDONÇA, José Vicente Santos de; CÂMARA, Jacintho Arruda; JUSTEN FILHO, Marçal; PRADO, Mariana Mota; MONTEIRO, Vera. *Publicistas*: direito administrativo sob tensão. Belo Horizonte: Fórum, 2023. v. 2. p. 113-114. ISBN 978-65-5518-591-1.

DEMAGOGIA REGULATÓRIA E REGULAÇÃO DEMAGÓGICA – OS RISCOS DA ELIMINAÇÃO DA NEUTRALIDADE DAS AGÊNCIAS REGULADORAS

MARÇAL JUSTEN FILHO

O modelo regulatório do Estado caracteriza-se pela redução da atuação direta deste nos serviços públicos e atividades econômicas. O Estado transfere a responsabilidade dos investimentos e da gestão para o setor privado e se reserva à competência regulatória.

Esse modelo comporta algumas distorções. Duas delas são graves.

A demagogia regulatória consiste na adoção de medidas aparentemente vantajosas, conscientemente destituídas de consistência ou sinceridade, para atrair investidores privados. A demagogia regulatória é a manifestação direta da tradição do governante brasileiro, em que as promessas são um meio para obter votos ou para captar investimentos privados.

Uma vez consolidada a situação, a autoridade altera radicalmente a própria postura. Nega as vantagens ofertadas, recusa validade aos próprios atos e questiona os direitos assegurados aos investidores. Assume a posição de defensor dos fracos e oprimidos. Na demagogia regulatória, a autoridade nem era sincera quando concebeu o modelo de investimento, nem o é quando passa a atacá-lo no momento posterior. No fundo, o governante pretende extinguir o vínculo e se apropriar (de preferência, sem indenização) dos investimentos realizados. O Brasil tem convivido com a demagogia regulatória há muito tempo.

A regulação demagógica é uma anomalia distinta. Não envolve a concepção consciente de um modelo fraudulento. Nem há a intenção de eliminar a participação da iniciativa privada. O problema decorre da contaminação das decisões técnicas e jurídicas pelo interesse de obter aplausos. A regulação demagógica adota a opinião pública como critério decisório. As normas jurídicas e as exigências técnicas são respeitadas circunstancialmente. São ferrenhamente defendidas quando conduzirem a decisões que agradem à plateia.

A regulação demagógica afeta especialmente a atuação das agências reguladoras. Essas autarquias foram cercadas de garantias visando à consagração de medidas fundadas no direito e no conhecimento técnico-científico. A ausência de vinculação direta à vontade popular lhes permite decisões antipáticas à população, mas que são necessárias para realizar objetivos relevantes. Afinal, nem sempre o direito e a técnica conduzem a escolhas que agradam à população.

Isso não significa que a agência reguladora deva ser insensível às necessidades da população. Mas deve haver ponderação entre os direitos e os interesses das diversas esferas envolvidas. Nem é admissível ignorar a regulação anterior da própria agência e lhe prestar respeito somente quando conduzir a uma decisão aprovada pela opinião pública.

O modelo regulatório depende da eficiência e da neutralidade da atuação das agências reguladoras. Sem isso, as agências se tornarão mais um veículo para regulação demagógica e especialmente para a demagogia regulatória. Se for assim, arrisca ocorrer a extinção das agências reguladoras. No final das contas, a prevalência da demagogia sobre a democracia nunca traz bons resultados.

Informação bibliográfica deste texto, conforme a NBR 6023:2018 da Associação Brasileira de Normas Técnicas (ABNT):

JUSTEN FILHO, Marçal. Demagogia regulatória e regulação demagógica – Os riscos da eliminação da neutralidade das agências reguladoras. *In*: SUNDFELD, Carlos Ari; JORDÃO, Eduardo; MOREIRA, Egon Bockmann; MARQUES NETO, Floriano de Azevedo; BINENBOJM, Gustavo; MENDONÇA, José Vicente Santos de; CÂMARA, Jacintho Arruda; JUSTEN FILHO, Marçal; PRADO, Mariana Mota; MONTEIRO, Vera. *Publicistas*: direito administrativo sob tensão. Belo Horizonte: Fórum, 2023. v. 2. p. 115-116. ISBN 978-65-5518-591-1.

AUTONOMIA DAS AGÊNCIAS E SUPERÁVIT DEMOCRÁTICO – AGÊNCIAS INDEPENDENTES SÃO INSTITUIÇÕES FUNDAMENTAIS

FLORIANO DE AZEVEDO MARQUES NETO

No final dos anos 90, a chamada "independência" das agências reguladoras mobilizou os administrativistas. Os mais tradicionalistas viam nela grave inconstitucionalidade. Os mais radicais, adeptos de certo ludismo jurídico, viam déficit democrático. Preocupava estes autores serem as agências meros agentes do poder econômico. Diziam ser a agencificação fruto do neoliberalismo e, na linha das ideias fora do lugar, manejavam com a mão esquerda a neoclássica teoria da captura. Como a provar que só haveria ventura na reestatização. Na ocasião, em conjunto com vários dos autores dessa coluna, afirmávamos que a autonomia das agências não era nem neoliberal, nem inconstitucional. E que ela era necessária justamente para evitar a captura.

Pois passaram-se os anos. E com altos e baixos, as agências foram se afirmando. O tema da autonomia saiu da pauta dos juristas, embora ora ou outra incomodasse os governantes de turno. Houve alguma captura pelo mercado, bastante captura pelos governos e agentes políticos. A omissão da ANEEL na reforma do setor elétrico em 2013 é um triste exemplo. A postura da Anac no apagão aéreo, outro mal exemplo de captura agora pelo mercado.

Mas o modelo vingou. O Judiciário chancelou a independência diversas vezes. A Lei nº 13.848/21 pacificou o assunto no direito positivo. O debate sobre a autonomia do Banco Central avivou os críticos. Mas, já sem a mesma força, não tiveram ouvidos.

Os posicionamentos da Anvisa no contexto da pandemia de Covid demonstram quanto a independência é fundamental. Primeiro, ao autorizar o uso emergencial das vacinas, inclusive a do Butantã.

Depois, recomendando a obrigatoriedade vacinal para ingressantes. Mais recentemente, autorizando vacinação infantil. Tudo contra a vontade do chefe do Executivo. Tais decisões, técnicas, e certamente responsáveis por poupar vidas, afrontaram o presidente. Levaram até a um forte repto do diretor da agência contra as invectivas presidenciais. Alguém cogitaria dessas decisões sem a garantia da independência funcional?

É para isso que ela existe. Para blindar órgãos técnicos de serem caudatários da vontade do governante eleito. À direita e à esquerda. Democráticos ou autoritários. As agências são instituições que, agindo nos limites de sua competência, devem atuar com plena autonomia. Respeitam as políticas públicas legitimamente instituídas. Mas devem poder desprezar a vontade furtiva do governante. Isso também é democracia.

A triste conjuntura do país acabou por demonstrar, como se fosse necessário, que democracia não são só eleições livres. Ela se completa com instituições fortes, Judiciário independente, devido processo, liberdades públicas respeitadas, minorias acolhidas. Agências independentes fazem parte desse arcabouço institucional. Não são perfeitas, nada é. Mas são melhores que as alternativas. E como mostraram os fatos recentes, entregam um superávit democrático em tempos turvos. Como queríamos demonstrar.

Informação bibliográfica deste texto, conforme a NBR 6023:2018 da Associação Brasileira de Normas Técnicas (ABNT):

MARQUES NETO, Floriano de Azevedo. Autonomia das agências e superávit democrático – Agências independentes são instituições fundamentais. *In*: SUNDFELD, Carlos Ari; JORDÃO, Eduardo; MOREIRA, Egon Bockmann; MARQUES NETO, Floriano de Azevedo; BINENBOJM, Gustavo; MENDONÇA, José Vicente Santos de; CÂMARA, Jacintho Arruda; JUSTEN FILHO, Marçal; PRADO, Mariana Mota; MONTEIRO, Vera. *Publicistas*: direito administrativo sob tensão. Belo Horizonte: Fórum, 2023. v. 2. p. 117-118. ISBN 978-65-5518-591-1.

SOBRE AUTONOMIA E BOBAGENS – AUTONOMIA NÃO É PANACEIA, MAS NÃO CHEGA A SER BOBAGEM, SE USADA NA MEDIDA E LUGARES CERTOS

GUSTAVO BINENBOJM

O Presidente Lula tem dito que autonomia do Banco Central é uma bobagem. Ele se refere à Lei Complementar nº 179/2021, que transformou o Bacen numa agência independente, a exemplo do *Federal Reserve* e do Banco Central europeu. Presidente e diretores do Bacen passaram a ser nomeados pelo chefe do Executivo para mandatos fixos, com a aprovação do Senado. Os dirigentes do Bacen deixaram, assim, de estar submetidos ao controle político do governo, passando a gozar de estabilidade durante seus mandatos.

Segundo Lula, o Bacen nunca teria deixado de cumprir fielmente seu papel em suas gestões anteriores, mesmo subordinado politicamente ao presidente da República. Bem, sem entrar no mérito histórico dessa assertiva, o ponto é que o desenho das instituições não deve ser concebido a partir de exemplos individuais, mas de experiências reiteradas, impessoais e comprovadas. No caso brasileiro, a história tem dado testemunho da necessidade de se conferir algum grau de autonomia às autoridades monetárias. Deixar a taxa de juros sujeita a pressões políticas imediatistas pode abrir as portas para a inflação, expediente sempre usado pelos populistas para financiar a expansão de gastos. O descolamento do processo político e eleitoral põe a estabilidade da moeda em lugar mais seguro, a salvo dos clamores de curto prazo e dos sobressaltos dos períodos de transição entre governos.

O modelo de agência autônoma não é universal, nem panaceia. Em 1967, a *Federal Aviation Administration* (FAA), que era independente, foi reintegrada ao Departamento de Transportes do governo federal dos Estados Unidos, diante da necessidade de comando e coordenação com outros órgãos da Administração Pública. Mas, no que se refere às autoridades monetárias, há um razoável consenso no sentido de que o seu insulamento do ciclo político-eleitoral produz melhores resultados. O caso do Banco Central da Turquia, cuja independência foi suprimida pelo governo, é um exemplo com consequências desastrosas já catalogado pela literatura.

O modelo de regulação independente tem se mostrado útil: (I) em setores de infraestrutura, nos quais a estabilidade das regras em médio e longo prazos seja essencial para a atração e manutenção de investimentos privados (custos afundados, de amortização alongada); (II) em setores de preços administrados (como tarifas públicas), nos quais os incentivos políticos possam levar ao populismo tarifário e à retração progressiva de investimentos; e (III) em setores cuja regulação tenha na independência técnica condição de sua confiabilidade e imparcialidade, como na gestão da moeda e defesa da concorrência. Tal modelo, usado com parcimônia e nos casos indicados, está longe de ser uma bobagem.

Lula pode manifestar insatisfação com a política de juros elevados do Bacen, assim como já o fizera Bolsonaro no período eleitoral. Ambos desejariam que os juros fossem reduzidos numa *canetada*, mesmo que os efeitos mediatos sobre a economia fossem desastrosos. Pretender curar a febre pondo o termômetro na geladeira – isto sim é uma bobagem.

Informação bibliográfica deste texto, conforme a NBR 6023:2018 da Associação Brasileira de Normas Técnicas (ABNT):

BINENBOJM, Gustavo. Sobre autonomia e bobagens – Autonomia não é panaceia, mas não chega a ser bobagem, se usada na medida e lugares certos. *In*: SUNDFELD, Carlos Ari; JORDÃO, Eduardo; MOREIRA, Egon Bockmann; MARQUES NETO, Floriano de Azevedo; BINENBOJM, Gustavo; MENDONÇA, José Vicente Santos de; CÂMARA, Jacintho Arruda; JUSTEN FILHO, Marçal; PRADO, Mariana Mota; MONTEIRO, Vera. *Publicistas*: direito administrativo sob tensão. Belo Horizonte: Fórum, 2023. v. 2. p. 119-120. ISBN 978-65-5518-591-1.

AUTONOMIA DO BANCO CENTRAL E TAXA DE JUROS: SEPARANDO O JOIO DO TRIGO – HÁ DISCUSSÕES LEGÍTIMAS SOBRE POLÍTICA MONETÁRIA, MAS ESSAS NÃO SE CONFUNDEM COM QUESTÕES DE DESENHO INSTITUCIONAL

MARIANA MOTA PRADO

Na semana passada, mais de 4.000 economistas assinaram um manifesto pela redução da taxa de juros. Sustentam ser um equívoco o Banco Central (BC) se focar apenas em política monetária, ignorando preocupações de emprego e desenvolvimento. Mas o tema está longe de ser consensual entre economistas. Samuel Pessôa aponta os efeitos desastrosos da redução dos juros durante o primeiro mandato de Dilma, analisado por acadêmicos, e indaga porque dessa vez seria diferente.

O manifesto apoia a crítica do Presidente Lula à taxa de juros adotada pelo BC. Todavia, Lula foi além e afirmou que a autonomia do BC é uma bobagem. Por que Lula quer misturar a discussão sobre política monetária com desenho institucional?

Uma hipótese é que Lula está apenas transferindo a culpa dos juros altos à "herança maldita" de Bolsonaro e se eximindo de responsabilidade pelos rumos da economia. A autonomia está na Lei Complementar nº 179/2021, que desvinculou os mandatos do BC dos ciclos eleitorais. Como resultado, o BC está atualmente a cargo de um economista nomeado por Bolsonaro.

Outra hipótese é que Lula tem intenção genuína de rever a autonomia do BC. Mas isso exigiria analisar o desenho institucional, uma discussão que não veio à tona até agora. Se tal discussão for suscitada, primeiro será preciso explicar, como argumentou Gustavo Binenbojm, a vantagem de abandonar uma estrutura de governança que protege a política monetária de "pressões políticas imediatistas" e mesmo populistas, como na Turquia.

Segundo, seria necessário enfrentar o fato de que um mandato dual mantém a autonomia do BC e assegura que suas políticas não sejam exclusivamente anti-inflacionárias. Como afirma Bráulio Borges, a solução já foi adotada no Brasil: segundo o art. 1º da LC nº 179/21, o objetivo fundamental do BC é assegurar a estabilidade de preços, mas o parágrafo único acrescenta que "o Banco Central do Brasil também tem por objetivos zelar pela estabilidade e pela eficiência do sistema financeiro, suavizar as flutuações do nível de atividade econômica e fomentar o pleno emprego". O problema é que esses objetivos secundários têm sido ignorados pelo Banco Central.

Terceiro, se o problema não é autonomia, mas sim forçar o BC a conciliar seu objetivo fundamental com os secundários, como manda a lei, quais seriam os mecanismos disponíveis? Um é conceder poderes ao Executivo para revogar as decisões do BC em casos excepcionais, como sugere o FMI; outro é dar ao STF o poder de anular decisões do BC que não sejam devidamente justificadas, como fez a corte constitucional alemã com o Banco Central europeu em 2020. Cada opção tem prós e contras.

Em suma, Belluzzo afirmou que as discussões sobre taxas de juros são mais complexas do que torcidas de futebol. A autonomia do BC também não é Fla-Flu. E, como na maioria das discussões de desenho institucional, os juristas têm muito a contribuir para esse debate.

Informação bibliográfica deste texto, conforme a NBR 6023:2018 da Associação Brasileira de Normas Técnicas (ABNT):

PRADO, Mariana Mota. Autonomia do Banco Central e taxa de juros: separando o joio do trigo – Há discussões legítimas sobre política monetária, mas essas não se confundem com questões de desenho institucional. *In*: SUNDFELD, Carlos Ari; JORDÃO, Eduardo; MOREIRA, Egon Bockmann; MARQUES NETO, Floriano de Azevedo; BINENBOJM, Gustavo; MENDONÇA, José Vicente Santos de; CÂMARA, Jacintho Arruda; JUSTEN FILHO, Marçal; PRADO, Mariana Mota; MONTEIRO, Vera. *Publicistas*: direito administrativo sob tensão. Belo Horizonte: Fórum, 2023. v. 2. p. 121-122. ISBN 978-65-5518-591-1.

DESAFIOS DE UMA NOVA TRANSIÇÃO – NOVO GOVERNO TERÁ QUE OPTAR ENTRE DEVOLVER AUTONOMIA OU CONSOLIDAR AUTARQUIZAÇÃO ADMINISTRATIVA

FLORIANO DE AZEVEDO MARQUES NETO

De 1988 até a década passada, o Brasil passou por uma transformação administrativa gradual e progressiva. Mudou, insuficientemente, é verdade, o modo de o Estado contratar. O pregão, a contratação integrada, as manifestações de interesse e, agora, o diálogo competitivo vingaram. Superou-se a insindicabilidade do poder discricionário. Alterou-se o modo de prestar e regular serviços públicos. Assistiu-se a uma ampla positivação do direito administrativo, até então de base muito mais doutrinária que legal. O processo administrativo, antes tido como impropriedade, passou a ser imposição. O consequencialismo e o dever de ponderação ao decidir foram incrementados pela análise de impacto regulatório e pelas alterações na LINDB. Apesar da retórica grandiloquente de reformas administrativas constitucionais, no final dos 90 e nos anos recentes, essa transformação se deu predominantemente por mudanças na lei e na prática administrativa.

Um dos vetores de maior transformação da estrutura da Administração, em tempo recente, foi a conferência de graus importantes de autonomia a entes da Administração indireta. As leis de criação de agências, consolidadas na Lei nº 13.648/19, e a Lei nº 13.303/16 deram concretude ao que Binenbojm chama de administração policêntrica.

Tudo isso em meio a alternâncias significativas de governos. Em certos momentos, houve retrocessos, como o desafio às agências no início do governo Lula e a intervenção na geração de energia elétrica em 2013. Mas até 2018, avançava-se progressivamente. O governo que sai, em que pese o discurso liberal, trouxe mais retrocessos que avanços. É fato que sancionou a Lei das Agências, a nova Lei de Contratações e uma Lei de Liberdade Econômica inócua. Na ação administrativa, foi um desastre. O principal estrago veio na governança das agências e das estatais.

Aí andamos para trás. A captura das agências pelo governo, que já vinha de antes, tornou-se regra. Ao aparelhamento político se somou a captura ideológica. O Cade, até então preservado, virou arma eleitoral. A nomeação de novo Conselho na Petrobras fez tábula rasa das regras previstas na Lei das Estatais.

Recolocar as coisas no eixo, respeitando as autonomias e a boa governança, é mais um imperativo da reconstrução. E aí reside o risco. Ideologicamente, o partido que assume o poder sempre foi, por princípio, contrário às autonomias. Não obstante, na prática, Lula desrespeitou-a bem menos que o governo que sucede. Nos próximos anos, poderemos retomar os avanços de governança e confiabilidade que conquistamos até 2018. Ou consolidar o retrocesso, voltando ao regime das velhas autarquias. O respeito à independência dos dirigentes de agências indicados pelo atual governo e as indicações do novo mandatário para a direção das estatais será o teste. Voltar aos anos 50 seria um erro. Nos seus dois mandatos, Lula provou que as autonomias não impedem governar. Reverter também esse malfeito do governo que está saindo será mais um desafio.

Informação bibliográfica deste texto, conforme a NBR 6023:2018 da Associação Brasileira de Normas Técnicas (ABNT):

MARQUES NETO, Floriano de Azevedo. Desafios de uma nova transição – Novo governo terá que optar entre devolver autonomia ou consolidar autarquização administrativa. *In*: SUNDFELD, Carlos Ari; JORDÃO, Eduardo; MOREIRA, Egon Bockmann; MARQUES NETO, Floriano de Azevedo; BINENBOJM, Gustavo; MENDONÇA, José Vicente Santos de; CÂMARA, Jacintho Arruda; JUSTEN FILHO, Marçal; PRADO, Mariana Mota; MONTEIRO, Vera. *Publicistas*: direito administrativo sob tensão. Belo Horizonte: Fórum, 2023. v. 2. p. 123-124. ISBN 978-65-5518-591-1.

PARTE X

O CONTROLE NO DIREITO ADMINISTRATIVO

GESTORES PÚBLICOS PARALISADOS – COMO A AGENDA DE CONTROLE AFETA A DISCRICIONARIEDADE ADMINISTRATIVA?

VERA MONTEIRO

Iniciativas dos órgãos de controle cresceram pós-Constituição de 1988. Suas incursões em temas de gestão pública são parte do cotidiano dos servidores públicos. A percepção é que geraram inércia, aversão ao risco e piora nas decisões. Sufocaram a inovação. Gestores públicos temem sofrer processos administrativos ou judiciais onerosos por erros honestos. Para evitá-los, a conduta preferida é não assinar nada e evitar responsabilização.

Gustavo Binenbojm e André Cyrino ilustram a cena com perfeição: "Somente o administrador médio está confortável e seguro [...] os incentivos do administrador público – que quiser ser honesto – serão de adoção de postura estritamente burocrática em sua pior conotação. Será um sujeito preso a ritos e cautelas que tendem a gerar paralisia decisória. É o apagão das canetas, como se tem referido. Um quadro de temor e inação". Vivemos sob "o risco de produz gestores apáticos e paralisados por conta do receio exacerbado de responsabilização", como diz Carlos Ari Sundfeld (*Direito Administrativo. O novo olhar da LINDB*, Fórum, 2022).

Seria mera percepção ou há dados e pesquisas para provar a paralisia? Como a agenda de controle afeta a discricionariedade administrativa? Qual o ponto ótimo entre normas, burocracia, controle, monitoramento e auditoria, de um lado, e discricionariedade, autonomia e inovação, de outro? Como estimular a atuação íntegra de gestores públicos, via execução positiva de políticas públicas?

Patrícia Vieira da Costa, em tese de doutorado no Instituto de Ciência Política da UNB (*Três ensaios sobre mudança institucional no Tribunal de Constas da União*), aponta que estratégias agressivas de *accountability* podem levar a comportamentos que olham pouco para resultados e a servidores excessivamente cautelosos, com danos à capacidade operacional do governo, afugentando talentos. Segundo ela, até mesmo a OCDE (2016) já teria admitido "consequências não intencionais de sufocar a inovação [...], distorcendo o comportamento de gestores públicos no sentido de alcançar metas de outputs e criar uma confiança exagerada na função de auditoria".

Guilherme Lichand e outros (*Is corruption good for your health?*), em pesquisa envolvendo o setor de saúde brasileiro, apontam que, embora a repressão à corrupção gere redução de gastos governamentais ineficientes, ela piorou muito os indicadores da área (como número de leitos hospitalares, cobertura vacinal, número de habitações com acesso a saneamento e esgotamento sanitário). No caso, o gasto público desabou em ao menos 50% depois do início da auditoria. O achado da pesquisa é que quanto maior a economia de recursos gerada pela agenda de controle, maior a ineficiência pública.

Os estudos apontam que o foco dos controladores nas penalidades administrativas, ao invés de ampliar a qualidade dos serviços públicos, ampliou procedimentos formais e reduziu a discricionariedade dos gestores. Noutras palavras, o sistema de controle, para ser eficiente, não pode ter como efeito colateral a paralisação do Estado.

Informação bibliográfica deste texto, conforme a NBR 6023:2018 da Associação Brasileira de Normas Técnicas (ABNT):

MONTEIRO, Vera. Gestores públicos paralisados – Como a agenda de controle afeta a discricionariedade administrativa?. *In*: SUNDFELD, Carlos Ari; JORDÃO, Eduardo; MOREIRA, Egon Bockmann; MARQUES NETO, Floriano de Azevedo; BINENBOJM, Gustavo; MENDONÇA, José Vicente Santos de; CÂMARA, Jacintho Arruda; JUSTEN FILHO, Marçal; PRADO, Mariana Mota; MONTEIRO, Vera. *Publicistas*: direito administrativo sob tensão. Belo Horizonte: Fórum, 2023. v. 2. p. 127-128. ISBN 978-65-5518-591-1.

O QUE SIGNIFICA DEFERÊNCIA? – SABEMOS O SIGNIFICADO DE UMA DAS PALAVRAS DA MODA DO NOVO DIREITO ADMINISTRATIVO?

EDUARDO JORDÃO

Deferência é uma das palavras da moda do novo direito administrativo. Mas sabemos mesmo o que ela significa?

O que queremos dizer quando, por exemplo, no caso de controle judicial, afirmamos que o juiz prestou deferência à Administração Pública?

Em pesquisa que realizei com Renato Toledo, testamos empiricamente três diferentes acepções do termo, ao analisar o comportamento do TJRJ nas contestações judiciais de decisões da Agenersa, agência reguladora fluminense de energia e saneamento básico.

A acepção mais conhecida é a que denominamos "deferência pelo resultado": a efetiva manutenção, pelo juiz, da decisão administrativa contestada. Ou, dito de outro modo, a "vitória" da autoridade administrativa na ação judicial que busca a reforma ou a anulação da sua decisão. Na nossa pesquisa, houve deferência, neste sentido, em 90,23% dos casos.

Mas seria mesmo necessário manter a decisão administrativa contestada, para que se possa dizer que o controlador foi deferente à Administração Pública? Juiz que não mantém a decisão contestada é juiz que não presta deferência à Administração?

Ao menos num sentido bem específico, mais fraco do que o primeiro aqui apresentado, seria possível considerar haver "deferência" mesmo em casos de "derrota" da autoridade administrativa, desde que o juiz tenha considerado de forma respeitosa a decisão administrativa sob sua análise e que concedesse à Administração um espaço específico de liberdade de criação ou de interpretação – apenas não a mantendo por avaliar que este espaço teria sido extrapolado.

No nosso trabalho, buscamos identificar este tipo de deferência por meio de uma análise do discurso judicial, das razões apresentadas pelos juízes ao decidir. Denominamos esta espécie de "deferência pelo discurso" (identificada em 52,24% dos casos). É intuitivo que haverá grande correlação entre a deferência pelo discurso e a deferência pelo resultado (na nossa pesquisa, essa correlação foi de 98,61%), mas ela não é necessária.

Finalmente, a deferência judicial pode significar foco no controle do procedimento por meio do qual a decisão administrativa contestada foi tomada em vez do foco na sua substância. É o que denominamos "deferência pela amplitude do controle". A propósito, em outra pesquisa, Susan Rose-Ackerman e eu examinamos o histórico jurisprudencial de alguns países, e observamos que o movimento da ampliação da deferência judicial é usualmente acompanhado da ampliação paralela do controle procedimental, numa espécie de compensação. No caso do controle judicial da Agenersa, a deferência pela limitação da amplitude do controle se deu em 60,45% dos casos analisados.

Em qualquer das acepções acima, no entanto, é fácil observar que a deferência veicula (i) uma orientação de autocontenção do controlador e (ii) o reconhecimento de um espaço de liberdade para o administrador, decorrente de hipóteses de indeterminação normativa. São estes os elementos que parecem ser centrais ao conceito – e que ainda precisam ser bastante trabalhados em nosso direito, a despeito do modismo.

Informação bibliográfica deste texto, conforme a NBR 6023:2018 da Associação Brasileira de Normas Técnicas (ABNT):

JORDÃO, Eduardo. O que significa deferência? – Sabemos o significado de uma das palavras da moda do novo direito administrativo?. *In*: SUNDFELD, Carlos Ari; JORDÃO, Eduardo; MOREIRA, Egon Bockmann; MARQUES NETO, Floriano de Azevedo; BINENBOJM, Gustavo; MENDONÇA, José Vicente Santos de; CÂMARA, Jacintho Arruda; JUSTEN FILHO, Marçal; PRADO, Mariana Mota; MONTEIRO, Vera. *Publicistas*: direito administrativo sob tensão. Belo Horizonte: Fórum, 2023. v. 2. p. 129-130. ISBN 978-65-5518-591-1.

COMO AVALIAR A EFICÁCIA DO COMBATE À CORRUPÇÃO? – A LAVA JATO PODE FORNECER DADOS OBJETIVOS PARA VERIFICAR SE A ATUAÇÃO DO TCU É RELEVANTE NESSE CAMPO

JACINTHO ARRUDA CÂMARA

A Transparência Internacional acaba de divulgar o Índice de Percepção da Corrupção 2021. O Brasil ocupa a 96ª posição em lista de 180 países. É difícil medir o nível de corrupção de um lugar. Não é por outra razão que o índice revela aspecto declaradamente subjetivo: a "percepção de corrupção". Dados objetivos nesse terreno tendem a produzir resultados inconclusivos. É possível contar quantos crimes foram punidos, quantas sanções administrativas foram aplicadas, mas não há como saber o volume de atos de corrupção que escaparam do sistema repressivo.

Há dificuldade similar em aferir a eficiência do sistema de controle da corrupção. Ações repressivas (número de pessoas punidas, valores recuperados etc.) não são capazes de atestar isoladamente o nível de eficácia do órgão de controle, pois não há como compará-las com casos de desvios não identificados e punidos. Resta o caminho da avaliação subjetiva, aferível com pesquisas que meçam a confiança que cada órgão desperta.

A maneira de divulgar as ações de controle da corrupção ganha relevância nesse cenário. Órgãos de imprensa costumam anunciar com regozijo paralisação de obras por suspeitas de desvios, prisões preventivas, bloqueio de bens, buscas e apreensões. Esse estilo gera dois efeitos evidentes: a) aumenta a sensação de corrupção generalizada; e b) eleva o prestígio dos órgãos de controle e de seus membros. É um sistema que se retroalimenta, embora esses efeitos pareçam contraditórios, pois, à medida que se amplia a percepção de corrupção, também cresce o prestígio dos órgãos de controle.

Acredito que estamos diante de rara janela de oportunidade para sairmos do mero subjetivismo em matéria de avaliação de eficiência do sistema de controle. O acervo probatório gerado pela operação Lava Jato pode proporcionar abordagem objetiva sobre os efeitos reais da atuação de um dos mais comentados órgãos de controle da administração: o TCU (Tribunal de Contas da União). Embora não seja essa sua função institucional, o TCU tem recebido e ostentado vestes de protagonista do combate à corrupção.

Provas coletadas na operação podem ser confrontadas com os achados na ação fiscalizadora desse órgão. Dois fatores permitem que se faça a avaliação de eficácia: 1º) os desvios foram descobertos a partir das investigações penais (na maior parte por delações) e não decorreram da apuração do controle externo; 2º) parte desses desvios só foi descoberta após a realização de auditorias.

A verificação pode apontar se as metodologias empregadas pelo TCU identificaram de modo eficiente os desvios cometidos naquelas contratações. Se a atuação da corte de contas tiver identificado os desvios, ponto para o controle. Porém, se a fiscalização não os tiver apontado, haverá um relevante indício de que os métodos de fiscalização não são eficazes para identificar corrupção. A amostra parece significativa, uma vez que atinge grandes contratações envolvendo a maior empresa da Administração Pública federal. Está aí pesquisa que gostaria de ler.

Informação bibliográfica deste texto, conforme a NBR 6023:2018 da Associação Brasileira de Normas Técnicas (ABNT):

CÂMARA, Jacintho Arruda. Como avaliar a eficácia do combate à corrupção? – A Lava Jato pode fornecer dados objetivos para verificar se a atuação do TCU é relevante nesse campo. *In*: SUNDFELD, Carlos Ari; JORDÃO, Eduardo; MOREIRA, Egon Bockmann; MARQUES NETO, Floriano de Azevedo; BINENBOJM, Gustavo; MENDONÇA, José Vicente Santos de; CÂMARA, Jacintho Arruda; JUSTEN FILHO, Marçal; PRADO, Mariana Mota; MONTEIRO, Vera. *Publicistas*: direito administrativo sob tensão. Belo Horizonte: Fórum, 2023. v. 2. p. 131-132. ISBN 978-65-5518-591-1.

A DESCRENÇA NO JUDICIÁRIO TRARÁ IMPACTOS LEGISLATIVOS? – UMA HIPÓTESE A SER VERIFICADA – E UMA INSTITUIÇÃO SUPERFUNCIONANDO

JOSÉ VICENTE SANTOS DE MENDONÇA

Embora o Judiciário, em particular, o Supremo, possa estar mais afinado a este ou àquele espectro do quadro político neste momento – daí tréguas, de um lado, e ódio, muito ódio, de outro –, a verdade é que aumentou a percepção de que o Judiciário é um ator imediatamente político.

Se isso for verdade, tenho uma hipótese a propor. Creio que, em razão do cenário, somado ao perfil do próximo Congresso, existam incentivos para a produção de uma legislação (a) mais extensa, e (b) mais analítica (isto é, sem delegações implícitas ou explícitas aos juízes). A hipótese é a de que haveria um "maximalismo de resposta". Leis longas e assertivas quanto àquilo que impõem ou proíbem.

Há, a partir daí, dois efeitos. O primeiro e mais óbvio é que isso pode vir a limitar de fato a atuação dos juízes. O segundo efeito é que uma legislação maximalisticamente assertiva aumenta o custo reputacional para juízes que optarem por decisões pós-formalistas: haver-se-ia que apelar, com muito ruído, ao "espírito da lei", ao "sistema jurídico" etc.

O objetivo da estratégia é, ou conter a discricionariedade judicial, ou desgastar; talvez mais desgastar do que conter. Aumentar o custo reputacional é um dos piores ataques à instituição Judiciário, porque a afeta de formas inauditas, por período que não se sabe muito bem, não se tendo clareza sobre como se poderá recuperar a confiança social (não se sabe se um Judiciário formalista necessariamente conseguiria recuperá-la).

O empacotamento do Judiciário por meio do aumento de cadeiras no Supremo é a estratégia mais ogra de conformação de uma corte constitucional. Mas há outras, e uma das que voam mais abaixo do radar é esse enredamento positivístico.

No entanto, o grande "se" da minha leitura é o seguinte: ela pressupõe que o legislativo brasileiro possua um mínimo de racionalidade estratégica. Como ele é caótico e, em bom português, profundamente zoado das ideias, é plausível supor que, para a maioria das questões, o maximalismo de resposta seja hipótese apenas teórica. Mesmo assim, creio que, para assuntos estratégicos para o novo perfil do Congresso – gênero, certas minorias, direitos reprodutivos –, consiga-se formar tanto compreensão mínima do ponto quanto, em concreto, maiorias aptas a viabilizar a técnica.

Minha aposta é a de que a legislatura futura produzirá poucas leis espelhando compromissos dilatórios; não mais leis afirmando o direito à vida, mas vedações ao aborto nessas e naquelas situações. Na guerra cultural, a próxima arma pode ser o positivismo legislativo à *la* Escola da Exegese. Em resposta ao que se percebe como ativismo judicial, um ativismo legislativo de saco-de-maldades. E veja que não se trataria de nenhuma adesão sincera ao formalismo; Kelsen não é mais possível aqui. Doravante só haverá os Schmitts da lei contra os Schmitts da Constituição.

Mas é como disse o cara que pulou do terraço ao passar pelo sétimo andar: até aqui, as instituições estão funcionando.

Informação bibliográfica deste texto, conforme a NBR 6023:2018 da Associação Brasileira de Normas Técnicas (ABNT):

MENDONÇA, José Vicente Santos de. A descrença no Judiciário trará impactos legislativos? – Uma hipótese a ser verificada – e uma instituição superfuncionando. *In*: SUNDFELD, Carlos Ari; JORDÃO, Eduardo; MOREIRA, Egon Bockmann; MARQUES NETO, Floriano de Azevedo; BINENBOJM, Gustavo; MENDONÇA, José Vicente Santos de; CÂMARA, Jacintho Arruda; JUSTEN FILHO, Marçal; PRADO, Mariana Mota; MONTEIRO, Vera. *Publicistas*: direito administrativo sob tensão. Belo Horizonte: Fórum, 2023. v. 2. p. 133-134. ISBN 978-65-5518-591-1.

UM RAIO-X DAS ARBITRAGENS COM O PODER PÚBLICO – QUEM SÃO OS ÁRBITROS? QUAIS OS VALORES E QUANTO DURAM AS ARBITRAGENS?

EDUARDO JORDÃO

Depois de muita polêmica, as arbitragens envolvendo o Poder Público são hoje uma realidade. Instauradas para o deslinde de questões complexas ou apenas como resultado do apagão de canetas, esta forma de resolução de controvérsias ganhou enorme relevância no setor público e hoje movimenta juristas importantes e cifras consideráveis.

Com a ajuda de meu assistente Pedro Burlini, e sem pretensão de exaustividade, levantei na internet informações sobre 26 arbitragens envolvendo agências reguladoras federais.

A principal Câmara Arbitral foi a CCI, com 16 das 26 arbitragens. No total, são 11 da ANP, 9 da ANTT, 4 da Anatel, 1 da Anac e 1 da ANEEL.

A maior parte (24) se iniciou a partir da explicitação legislativa do cabimento da arbitragem para solução de controvérsias com a Administração Pública, em 2015. Vinte foram iniciadas a partir de 2019, o que sugere aceleração recente.

As já terminadas (7) duraram em média 980 dias (pouco mais de 2 anos e 8 meses). O procedimento mais longo durou 4 anos e 4 meses (Silver Marlin S.A. *v.* ANP). Mas há um caso ainda não terminado que já dura 5 anos e 7 meses (Concessionária de Rodovias Minas Gerais Goiás S.A. *v.* ANTT).

É difícil fazer uma média dos valores envolvidos com os dados disponíveis, dada a heterogeneidade dos critérios usados para informá-los, mas há pelo menos 11 procedimentos com cifras em disputa superiores a 1 bilhão de reais, em valores atuais.

Nas 26 arbitragens cujos dados se encontraram, foram selecionados 46 diferentes árbitros. Curiosamente, e embora essa seja uma informação atribuída subjetivamente por nós, apenas 15 têm o direito administrativo como sua principal área de atuação – menos de 1/3 do total. Muitos árbitros são especialistas, na origem, em direito internacional privado (7), processo civil (7), direito civil (6) e societário (4).

A idade média dos árbitros é 56 anos. O árbitro mais novo encontrado foi Juliana Bonacorsi Palma, com 40 anos. Por outro lado, o árbitro com mais idade foi Arnoldo Wald, hoje com 90 anos.

Os árbitros presentes em mais procedimentos são Sergio Mannheimer e Carlos Alberto Carmona, em 5 deles. Patricia Baptista, Sergio Guerra e José Emilio Nunes atuam em 4 cada.

De acordo com os nossos dados, o universo das arbitragens com o Poder Público ainda é largamente masculino. Dos 46 árbitros presentes na lista, há apenas 9 mulheres (menos de 20%).

A maioria absoluta tem atuação principal em São Paulo (20) ou no Rio de Janeiro (20). As exceções são Egon Bockmann Moreira e João Bosco Lee, do Paraná; Luiz Gustavo Kaercher Loureiro, do Rio Grande do Sul, e Antonio Pinto Leite e Catarina Monteiro Pires, de Portugal, e Mauricio Gomm Santos, com atuação nos Estados Unidos.

Estudos futuros – e realizados com mais tempo – poderão identificar também outras circunstâncias, como temas mais frequentemente debatidos e eventuais contestações judiciais aos procedimentos já terminados. Levantamentos deste tipo permitem uma melhor apreensão da realidade e abrem espaço para debates sobre aprimoramentos possíveis.

Informação bibliográfica deste texto, conforme a NBR 6023:2018 da Associação Brasileira de Normas Técnicas (ABNT):

JORDÃO, Eduardo. Um raio-x das arbitragens com o Poder Público – Quem são os árbitros? Quais os valores e quanto duram as arbitragens?. *In*: SUNDFELD, Carlos Ari; JORDÃO, Eduardo; MOREIRA, Egon Bockmann; MARQUES NETO, Floriano de Azevedo; BINENBOJM, Gustavo; MENDONÇA, José Vicente Santos de; CÂMARA, Jacintho Arruda; JUSTEN FILHO, Marçal; PRADO, Mariana Mota; MONTEIRO, Vera. *Publicistas*: direito administrativo sob tensão. Belo Horizonte: Fórum, 2023. v. 2. p. 135-136. ISBN 978-65-5518-591-1.

PARTE XI

REALISMO E EMPIRIA NO DIREITO ADMINISTRATIVO

ESTUDOS EMPÍRICOS NO DIREITO: MÉTODO E MODISMO – EMPIRICISMO NÃO É PALPITE

JACINTHO ARRUDA CÂMARA

Já há algum tempo a comunidade acadêmica brasileira atentou para a importância de incluir métodos de pesquisa empírica aos estudos de direito. Reconheceu-se a relevância de se pesquisarem as causas e os efeitos provocados pelos fenômenos jurídicos.

Essa metodologia se mostra útil por fornecer elementos mais confiáveis para elaboração de normas, permitindo identificar ineficiências das já existentes e necessidades sociais ainda carecedoras de tratamento adequado. Estudiosos do direito, com essa ferramenta, passaram a se capacitar para influir na produção e revisão normativas, colaborando no conteúdo das soluções legisladas e não apenas nos seus aspectos formais.

A aplicação de normas de direito público também passou a se nutrir de levantamentos empíricos. A LINDB, por exemplo, ganhou artigos que impuseram o dever de administradores, controladores e julgadores a atentarem para os efeitos de suas decisões (art. 20). Tudo isso justifica o interesse por pesquisas empíricas que visem à demonstração de elementos de fato.

A seriedade de estudos elaborados em centros de excelência acadêmica aprimorou a qualidade da produção jurídica. A pesquisa empírica no direito entrou na moda e ganhou aura de selo de qualidade. E o sucesso tem seu preço.

Percebo no discurso jurídico (não fiz pesquisa sobre isso, confesso) o uso de dados com certo "viés de ornamentação", como diria nosso colega Eduardo Jordão. Tabelas e gráficos passaram a "enfeitar" dissertações e teses no direito, competindo com citações filosóficas, análise econômica do direito e outros "falsos brilhantes". Dados estão servindo de adorno em trabalhos mal concebidos e executados, assim como outros métodos e fórmulas sérias já o foram.

Arrisco algumas observações acacianas, para tentar minimizar o uso meramente ornamental da metodologia:

– O estudo empírico é um método de pesquisa que não elimina a existência e a relevância de outros métodos de desenvolvimento de trabalhos no direito.

– A pesquisa empírica não é, por si, sinônimo de seriedade. Há boas e más pesquisas; pesquisas úteis e inúteis; aplicação correta e incorreta do método.

– Pesquisas empíricas podem gerar resultados inconclusivos. É melhor um resultado inconclusivo do que uma conclusão inconsistente.

– Não é toda produção acadêmica no direito que precisa do método empírico.

– Trabalhos empíricos não são imunes a críticas. Dados podem estar incorretos, e, ainda quando corretos, as inferências deles extraídas estão sujeitas a contestações e refutações como qualquer proposição. Tabela ou gráfico não são argumento de autoridade.

– Encher desnecessariamente o trabalho de números, gráficos e tabelas é tão ridículo como inflar bibliografia e citações para simular seriedade na pesquisa.

A pesquisa empírica no direito tem trazido benefícios inegáveis, graças a trabalho criterioso de orientadores, pesquisadores e avaliadores, que se esforçam para aplicar com rigor metodologias desenvolvidas em outras áreas do conhecimento, mas suas deformações são perigosas.

Informação bibliográfica deste texto, conforme a NBR 6023:2018 da Associação Brasileira de Normas Técnicas (ABNT):

CÂMARA, Jacintho Arruda. Estudos empíricos no direito: método e modismo – Empiricismo não é palpite. *In*: SUNDFELD, Carlos Ari; JORDÃO, Eduardo; MOREIRA, Egon Bockmann; MARQUES NETO, Floriano de Azevedo; BINENBOJM, Gustavo; MENDONÇA, José Vicente Santos de; CÂMARA, Jacintho Arruda; JUSTEN FILHO, Marçal; PRADO, Mariana Mota; MONTEIRO, Vera. *Publicistas*: direito administrativo sob tensão. Belo Horizonte: Fórum, 2023. v. 2. p. 139-140. ISBN 978-65-5518-591-1.

O DIREITO ADMINISTRATIVO "COMO ELE É" NEM SEMPRE É COMO ELE DEVE SER – DUAS ARMADILHAS DO REALISMO ADMINISTRATIVISTA

JOSÉ VICENTE SANTOS DE MENDONÇA

O debate já era consolidado na academia americana. Chegou com algum atraso para nós. Uma das primeiras vezes que identifiquei a expressão "consequencialismo jurídico" foi na dissertação de Diego Arguelhes (2006). Num comentário a uma decisão do Supremo de Thamy Pogrebinschi (2008) peguei o macete: aproveitar aquilo que seria, na visão da professora, comum ao pensamento dos três primeiros autores do pragmatismo filosófico – Charles Peirce, John Dewey, William James – e aplicar aos dilemas do direito. A partir daí, com o antifundacionalismo, o contextualismo e o consequencialismo, características tão gerais e intuitivas ao advogado médio que serviriam para quase tudo, encontrei o tema do meu doutorado (2010).

Desde a publicação da primeira edição do livro originário da tese (em 2014), o assunto foi ganhando tração, até que, em 2018, com a alteração da Lei de Introdução às Normas para se exigir que o julgador considere as consequências de suas decisões e se mostre sensível ao contexto decisório do gestor, pode-se dizer que houve uma consolidação legislativa do pragmatismo. Muitos e ótimos autores sugerem, desde então, realismo no direito administrativo e falam de um direito público da realidade. A cultura de fundo do direito administrativo brasileiro mudou – para melhor.

No entanto, apesar de festejar o tema (como diz o jurista), preciso destacar que há duas óbvias armadilhas diante do realismo administrativista. A primeira é que ele não pode partir de uma idealização das premissas fáticas. Uma análise consequencialista minimamente aceitável se preocupa com a qualidade do dado empírico; com a abrangência da redução de complexidade, que transforma o dado em informação; com os métodos usados para o adiantamento de consequências. Não basta dizer empiria para se produzir ciência aplicada. É caro, complexo, difícil, frequentemente dá errado. Para a maioria dos casos, aliás, é melhor apelar a um bom argumento dogmático do que a recorrer a um argumento sociológico/psicológico/econômico meia boca.

Segunda armadilha, essa talvez mais sutil: *pedir atenção* às *consequências e ao contexto não significa que se possa prescindir de um fim*. Direito administrativo é norma e é decisão, e norma e decisão boas são as que pegam; mas são, também e especialmente, uma visão de mundo. O direito público realista não é um abandonar-se ao sensaborão do cotidiano. Pragmatismo é saber agir em direção a um ideal. Ora, se é verdade, como afirma o Professor Eduardo Jordão, que acabou o romance no direito público brasileiro, é importante que salvaguardemos o amor.

Pois essas são as duas armadilhas de um direito administrativo que se quer realista: idealizar sua instrumentação; desidealizar seu espírito.

Informação bibliográfica deste texto, conforme a NBR 6023:2018 da Associação Brasileira de Normas Técnicas (ABNT):

MENDONÇA, José Vicente Santos de. O direito administrativo "como ele é" nem sempre é como ele deve ser – Duas armadilhas do realismo administrativista. *In*: SUNDFELD, Carlos Ari; JORDÃO, Eduardo; MOREIRA, Egon Bockmann; MARQUES NETO, Floriano de Azevedo; BINENBOJM, Gustavo; MENDONÇA, José Vicente Santos de; CÂMARA, Jacintho Arruda; JUSTEN FILHO, Marçal; PRADO, Mariana Mota; MONTEIRO, Vera. *Publicistas*: direito administrativo sob tensão. Belo Horizonte: Fórum, 2023. v. 2. p. 141-142. ISBN 978-65-5518-591-1.

QUAL DEVE SER O RIGOR DOS ARGUMENTOS EMPÍRICOS NA VIDA FORENSE? – AS VERDADES DESINTERESSADAS DA CIÊNCIA ENCONTRAM O MUNDO DE INTERESSES DO DIREITO

JOSÉ VICENTE SANTOS DE MENDONÇA

Empiricismo na academia não é palpite, diz-nos o Prof. Jacintho. Tem razão. Mas olhemos, agora, a vida forense. Hoje em dia, todos temos de ser um pouco consequencialistas, e consequencialismo, mesmo malfeito, ainda é melhor do que *principiachismo*. Pois bem: será que o rigor com que se analisa uma tese acadêmica é o que deve orientar o juiz no exame da alegação de fato quanto às consequências de uma decisão?

A pergunta desvela dois mundos, o da ciência e o do direito em ação. A ciência é o mundo das dúvidas metódicas e das verdades provisórias. Já o direito, com seus pontos de parada, suas preclusões e seus trânsitos em julgado, faz do foro o terreno das dúvidas interrompidas e das certezas artificialmente definitivas.

Eis então que a interação entre ciência e direito gera problemas. Por exemplo, no contraditório: argumentos consequencialistas que não indicam fonte nem método inviabilizam sua refutação; são processualmente imprestáveis. A postura adequada do juiz seria, no mínimo, a de exigir da parte a indicação do referencial metodológico. Mas vale lembrar que o contraditório científico, ao contrário do forense, não acaba jamais.

Outro problema: a formação de advogados e julgadores não favorece a compreensão das premissas fáticas que servem à construção de argumentos consequencialistas. Como resolver? No curto prazo, recorrendo a perícias; no longo, sofisticando nossa formação. No entanto, tais soluções podem encarecer demandas e torná-las mais longas, o que sugere que o consequencialismo *au grand complet* só faça sentido para *leading cases*.

Contudo, a dúvida persiste: qual é o rigor esperado dos argumentos empíricos na vida forense? Está claro que não dá para exigir rigor estritamente científico no dia a dia do direito; argumentos "mais ou menos empíricos" talvez sejam bons para o foro, mas, ao apelarem à ocorrência de estados de coisas, encontram-se perigosamente na mesma família dos argumentos científicos. Onde está o ponto intermediário? Empiricismo não é palpite – mas só há uma espécie de empiricismo? Haveria um empiricismo forense, diverso do empiricismo científico? Como graduar, de modo útil às partes, as diferenças?

Igualmente importante: como convencer o perdedor do processo de que, embora uma demonstração empírica científica completa pudesse levá-lo à vitória, as alegações de fato e de método que bastam ao direito levaram à improcedência de seu pedido? Uma pergunta final, de cunho biográfico: a juíza que, na tese de doutorado, perquirirá a verdade científica sobre o instituto processual, será a mesma que, ao aplicá-lo, irá constrangê-lo à humilíssima verdade forense? É realista supor que as coisas funcionem assim?

O entrechoque entre as verdades idealmente desinteressadas da ciência e as verdades pragmaticamente interesseiras do direito não é tema fácil. Mas, lembrando Cazuza, é reconfortante observar que até mentiras sinceras possam nos interessar.

Informação bibliográfica deste texto, conforme a NBR 6023:2018 da Associação Brasileira de Normas Técnicas (ABNT):

MENDONÇA, José Vicente Santos de. Qual deve ser o rigor dos argumentos empíricos na vida forense? – As verdades desinteressadas da ciência encontram o mundo de interesses do direito. *In*: SUNDFELD, Carlos Ari; JORDÃO, Eduardo; MOREIRA, Egon Bockmann; MARQUES NETO, Floriano de Azevedo; BINENBOJM, Gustavo; MENDONÇA, José Vicente Santos de; CÂMARA, Jacintho Arruda; JUSTEN FILHO, Marçal; PRADO, Mariana Mota; MONTEIRO, Vera. *Publicistas*: direito administrativo sob tensão. Belo Horizonte: Fórum, 2023. v. 2. p. 143-144. ISBN 978-65-5518-591-1.

O DIREITO PÚBLICO BRASILEIRO E SEU PASSADO CHEIO DE NOVIDADES – A HISTÓRIA DE NOSSO DIREITO PÚBLICO PODERÁ SER REESCRITA A PARTIR DA ANÁLISE DE SUAS FONTES PRIMÁRIAS

JACINTHO ARRUDA CÂMARA

A coluna *Publicistas* registrou a polêmica causada pela MP nº 1.065, de 2021, com sua tentativa de abertura econômica do setor ferroviário. As últimas colaborações escritas por mim e por Floriano de Azevedo Marques Neto abordaram o assunto. Apontamos a resistência à ideia de que um serviço público com as características do transporte ferroviário seja submetido à exploração em regime de maior liberdade. A MP macularia nossa tradição. Não pretendo repetir o tema.

Confesso apenas a surpresa que tive ao me deparar com texto de lei paulista, editada em 1892, que determinava ser "livre a qualquer particular, companhia ou empresa, o direito de construir e explorar estradas de ferro dentro do território do Estado de S. Paulo, precedendo licença do poder competente". O achado me chegou por meio de artigo escrito por Joana Artes, minha aluna no programa de mestrado da PUC-SP. Quero ressaltar um aspecto metodológico que a "novidade" levanta.

Quem começou seus estudos na era da internet terá alguma dificuldade em imaginar o problema em se ter acesso a informações num passado recente. As fontes primárias do direito eram quase inacessíveis. A legislação e a jurisprudência eram obtidas geralmente por meios secundários: compilações e repositórios organizados por alguém dedicado a acompanhar dado assunto.

Descrições breves, pontuais e assistemáticas acabaram se tornando a base para pretenciosas narrativas que prometiam descrever o correto funcionamento de qualquer instituto jurídico: do regime dos servidores às facetas da aplicação do poder de polícia; das finalidades e características das concessões, às espécies de atos administrativos etc. Muita prosa e pouca evidência para sustentar as proposições.

A digitalização e publicação de documentos públicos na internet pode mudar esse cenário. Pesquisadores contemporâneos têm acesso a informações do passado que nem mesmo os autores daquele tempo dispunham. Hoje, com relativa facilidade, é possível comparar a legislação de vários períodos e lugares; levantar julgados dos principais tribunais; acessar atos e contratos de um passado remoto e os do presente. Tornou-se viável checar informações, refutar generalizações inadequadas com comprovação documental de seus equívocos, complementar e aprofundar as características de cada instituto, retomar os debates e finalidades buscados em cada época. Apesar disso, talvez por inércia, ainda se dê muito crédito a proposições lançadas no passado sem base confiável.

Pesquisas atuais, construídas com rigor metodológico, têm tudo para revelar com maior precisão o que efetivamente ocorreu no direito público brasileiro. Aprimorar o conhecimento sobre a história do nosso direito público é um objetivo justificável em si mesmo. Além disso, esse conhecimento pode cumprir função prática relevante: libertar a sociedade de um apego excessivo e irracional a um passado que simplesmente não existiu. Acredito que o passado do direito público brasileiro nos revelará grandes novidades.

Informação bibliográfica deste texto, conforme a NBR 6023:2018 da Associação Brasileira de Normas Técnicas (ABNT):

CÂMARA, Jacintho Arruda. O direito público brasileiro e seu passado cheio de novidades – A história de nosso direito público poderá ser reescrita a partir da análise de suas fontes primárias. *In*: SUNDFELD, Carlos Ari; JORDÃO, Eduardo; MOREIRA, Egon Bockmann; MARQUES NETO, Floriano de Azevedo; BINENBOJM, Gustavo; MENDONÇA, José Vicente Santos de; CÂMARA, Jacintho Arruda; JUSTEN FILHO, Marçal; PRADO, Mariana Mota; MONTEIRO, Vera. *Publicistas*: direito administrativo sob tensão. Belo Horizonte: Fórum, 2023. v. 2. p. 145-146. ISBN 978-65-5518-591-1.

A TEORIA DA CAPTURA E O DEBATE SOBRE A CLOROQUINA – OU: O QUE UM PROFESSOR DE REGULAÇÃO TEM A DIZER SOBRE A EFICÁCIA DO KIT COVID?

EDUARDO JORDÃO

Desenvolvida a partir de artigo de 1971 do economista George Stigler, a teoria da captura sustenta que decisões governamentais tendem a ser determinadas por pressões e interesses da indústria regulada.

A teoria tem sido lembrada nos debates sobre a eficácia de medicamentos como cloroquina e ivermectina no combate à pandemia de Covid-19. Para os seus defensores, governos resistiriam a adotar esses medicamentos supostamente eficazes apenas porque seriam muito baratos e a indústria farmacêutica lucraria mais com soluções mais caras, como as vacinas.

Ou seja, a indústria farmacêutica teria "capturado" os agentes responsáveis pelas políticas de combate à pandemia, que estariam atuando não para o interesse público, mas para garantir lucros extraordinários à indústria.

A teoria daria verniz de sofisticação à posição dos defensores do "kit Covid". Mas o seu uso neste caso faz algum sentido?

Definitivamente, não. Entre muitas razões, destaco duas.

Primeiro: a captura parece ser, aqui, meramente pressuposta e não foi minimamente articulada, por ninguém, para além do que cabe num meme ou num tuíte. Ao menos duas dúvidas básicas, relativas aos dois polos da relação mercado-governo, precisariam ser esclarecidas:

(i) Quem exatamente seriam os agentes capturados? Como quase todos os países rejeitam a aplicação desses remédios como política oficial (as mais importantes exceções são China e Venezuela), se trataria de uma captura global, dos agentes de mais de uma centena de países?

(ii) A captura, no caso, seria realizada por toda a indústria farmacêutica ou por parte dela? Essa indústria é uniforme? Dado que os produtores de cloroquina e ivermectina não são os mesmos produtores das vacinas, por que aqueles abririam mão de seus lucros em benefício destes?

Segundo: desde 1983, na esteira de artigo de Gary Becker, compreende-se a teoria da captura de forma dinâmica: ao esforço de captura de uma indústria segue-se a reação dos agentes econômicos prejudicados, membros da mesma ou de outra indústria. E tanto maior é o incentivo e a probabilidade de reação, quanto maior for o prejuízo gerado a estes outros agentes econômicos.

Ora, a pandemia é o maior acontecimento social de uma geração, com enormes prejuízos a muitas indústrias. Assim, ainda que se aceite que os interesses da indústria farmacêutica prevaleceriam sobre os da população em geral, seria preciso explicar por qual razão os interesses da indústria farmacêutica prevaleceriam sobre o interesse de todas as demais indústrias prejudicadas pela pandemia, que ganhariam muito com medicamentos baratos e realmente eficazes.

Exagera-se o poder de influência da indústria farmacêutica, ao tempo em que se ignora o de todas as demais.

Na versão dos "cloroquiners", a teoria da captura se converte em mero *slogan*. Não há preocupação de apontar quaisquer indícios de sua ocorrência, de articular minimamente o raciocínio ou de atentar para as suas consequências naturais. A única captura que fica demonstrada, no caso, é a da própria teoria da captura.

Informação bibliográfica deste texto, conforme a NBR 6023:2018 da Associação Brasileira de Normas Técnicas (ABNT):

JORDÃO, Eduardo. A teoria da captura e o debate sobre a cloroquina – Ou: o que um professor de regulação tem a dizer sobre a eficácia do kit Covid?. *In*: SUNDFELD, Carlos Ari; JORDÃO, Eduardo; MOREIRA, Egon Bockmann; MARQUES NETO, Floriano de Azevedo; BINENBOJM, Gustavo; MENDONÇA, José Vicente Santos de; CÂMARA, Jacintho Arruda; JUSTEN FILHO, Marçal; PRADO, Mariana Mota; MONTEIRO, Vera. *Publicistas*: direito administrativo sob tensão. Belo Horizonte: Fórum, 2023. v. 2. p. 147-148. ISBN 978-65-5518-591-1.

QUEM DEFINE A RESPONSABILIDADE CIVIL DO ESTADO NO BRASIL? – PRECISAMOS CONHECER E SISTEMATIZAR AS REGRAS DITADAS PELO JUDICIÁRIO PARA RESPONDER A ESSA QUESTÃO

JACINTHO ARRUDA CÂMARA

O tema da responsabilidade civil do Estado, no Brasil, parece ter sido resolvido em 1946, quando a Constituição teria passado a reconhecer a aplicação da chamada responsabilidade objetiva, entendida como aquela que dispensa comprovação de dolo ou culpa para ser caracterizada.

Desde então predomina a narrativa segundo a qual, para fazer incidir a responsabilidade sobre entidade pública, basta demonstrar a relação de causalidade entre a conduta estatal e o dano a ser indenizado. Constituições posteriores reproduziram a fórmula, que está atualmente no art. 37, §6º, da Constituição Federal.

Escorado na premissa de que a Constituição já define as condições de aplicação dessa responsabilidade, o legislador ordinário tem sido tímido para tratar do tema. Raras leis disciplinam hipóteses e condições de responsabilização extracontratual do Estado. A modesta disciplina legal abre espaço para a atuação jurisdicional definidora de suas condicionantes.

A preponderância dessa fonte de direito provoca certo déficit de previsibilidade sobre a matéria. Para além das variações inerentes ao casuísmo das demandas, paira alguma oscilação nas premissas jurídicas para definir quando o Estado deverá ser responsabilizado. A fórmula do nexo de causalidade diz pouco a esse respeito.

Como são demandas propícias a discussões fáticas, temas relevantes não serão uniformizados pelos tribunais de jurisdição nacional.

Essa circunstância propicia a coexistência de múltiplos regimes de responsabilização estatal no país.

Sobre alguns assuntos, o STF, com suas teses de repercussão geral, tem contribuído para aumentar a uniformidade. Assim, ficou decidido que é objetiva a responsabilidade das prestadoras de serviço público relativamente a usuários e não usuários do serviço (Tese nº 130); que não há responsabilidade do Estado por dano decorrente de crime praticado por fugitivo do sistema prisional (Tese nº 362); que o Estado deve ressarcir danos causados a detentos por falta ou insuficiência das condições legais de encarceramento (Tese nº 365); que o Estado responde subsidiariamente por danos a candidatos em concurso público organizado por entidade privada (Tese nº 512); e que é o Estado ou a pessoa jurídica de direito de privado, e não a pessoa física autora do ato danoso, que a vítima tem de acionar em busca da recomposição de dano (Tese nº 940).

Inúmeros outros temas não resolvidos rondam a responsabilidade do Estado. É o Judiciário quem define as condições específicas para caracterização da responsabilidade. Seria fundamental um levantamento sistemático e rigoroso do posicionamento dos tribunais de justiça e regionais federais para saber como o Poder Público tem sido responsabilizado em matéria extracontratual.

Trata-se de um cenário instigante que a pesquisa da jurisprudência pode revelar. Uma grande barreira para se realizar esse trabalho é o volume extraordinário de dados a pesquisar. Para superá-la, talvez a inteligência artificial possa ser útil.

Informação bibliográfica deste texto, conforme a NBR 6023:2018 da Associação Brasileira de Normas Técnicas (ABNT):

CÂMARA, Jacintho Arruda. Quem define a responsabilidade civil do Estado no Brasil? – Precisamos conhecer e sistematizar as regras ditadas pelo Judiciário para responder a essa questão. *In*: SUNDFELD, Carlos Ari; JORDÃO, Eduardo; MOREIRA, Egon Bockmann; MARQUES NETO, Floriano de Azevedo; BINENBOJM, Gustavo; MENDONÇA, José Vicente Santos de; CÂMARA, Jacintho Arruda; JUSTEN FILHO, Marçal; PRADO, Mariana Mota; MONTEIRO, Vera. *Publicistas*: direito administrativo sob tensão. Belo Horizonte: Fórum, 2023. v. 2. p. 149-150. ISBN 978-65-5518-591-1.

PARTE XII

O DIREITO ADMINISTRATIVO E SUAS FONTES

DIREITO COMPARADO SOB DEMANDA – MANIPULAR DIREITO ESTRANGEIRO É TRUQUE COMUM NO BRASIL

EDUARDO JORDÃO

Jacintho Câmara observou que o acesso facilitado, pela internet, a fontes históricas de primeira mão deve ter uma consequência positiva: limitará as referências deturpadas que frequentemente se faziam à nossa suposta "tradição jurídica", com o objetivo de dificultar a adoção, entre nós, de alguma solução cogitada e indesejada.

Até recentemente, a história do nosso direito só nos chegava por via indireta, no relato ou na interpretação, nem sempre fidedignos, de alguns autores. A tecnologia nos promete futuro melhor, ao comprometer a perpetuação desses "passados inventados".

As invenções e manipulações não são, obviamente, privilégio dos relatos jurídicos históricos. O direito comparado, em especial, é campo fértil para a criatividade. Todo mundo quer um direito estrangeiro para chamar de seu, um direito estrangeiro sob demanda.

Meus dois exemplos favoritos de deturpação do direito estrangeiro vêm do direito da concorrência.

Neste campo, é bastante forte a influência americana. Tão forte que levou o Cade a importar e aplicar, por décadas, a *Pervasive Power Doctrine*, suposto teste judicial americano para determinar se uma regulação federal restritiva da concorrência seria lícita ou ilícita.

Só que o tal teste nunca existiu: fora inventado por um professor brasileiro, que o mencionara em seus livros, sem citar fonte original. Jamais fora aplicado por qualquer tribunal ou mencionado por qualquer autor americano. O Cade tomara conhecimento do tal teste nos livros do professor brasileiro e confiou na sua autoridade. Como no exemplo de Jacintho, de apego a um passado que nunca existiu, tínhamos aqui o apego a um direito estrangeiro também imaginário.

No segundo exemplo de direito comparado sob demanda, a forte influência americana não impediu que o direito americano (de fato existente) fosse ignorado pelo Cade, quando lhe conveio. Na decisão em que admitiu a possibilidade de sanção, com base no direito antitruste, para empresas que realizassem *lobby* por regulação anticompetitiva, há uma seção específica denominada "Jurisprudência Comparada". Nela se cita uma única decisão, de um tribunal da Romênia.

Em aulas sobre direito comparado, costumo assinalar prazo de três minutos para que os alunos identifiquem, por meio de pesquisas em seus celulares, alguma jurisdição que adotaria posição contrária, de impossibilidade de sanção ao *lobby* empresarial por regulações restritivas da concorrência.

Nunca foi necessário exaurir este prazo para que eles encontrem menções à *Noerr-Pennington Doctrine* americana, orientação jurisprudencial bastante conhecida dos estudiosos do direito da concorrência – e, provavelmente, dos conselheiros do Cade que proferiram decisão contrária, sem lhe fazer qualquer referência.

Bem utilizado, o direito comparado é recurso valioso para reforma, crítica e avanço do nosso direito. Mas, como envolve dados e informações nem sempre tão acessíveis, é preciso cuidar para que ele não se converta em instrumento de propagação de realidades feitas sob medida.

Informação bibliográfica deste texto, conforme a NBR 6023:2018 da Associação Brasileira de Normas Técnicas (ABNT):

JORDÃO, Eduardo. Direito comparado sob demanda – Manipular direito estrangeiro é truque comum no Brasil. *In*: SUNDFELD, Carlos Ari; JORDÃO, Eduardo; MOREIRA, Egon Bockmann; MARQUES NETO, Floriano de Azevedo; BINENBOJM, Gustavo; MENDONÇA, José Vicente Santos de; CÂMARA, Jacintho Arruda; JUSTEN FILHO, Marçal; PRADO, Mariana Mota; MONTEIRO, Vera. *Publicistas*: direito administrativo sob tensão. Belo Horizonte: Fórum, 2023. v. 2. p. 153-154. ISBN 978-65-5518-591-1.

DIREITO COMPARADO COM O QUÊ? – SOBRE CRITÉRIOS PARA USO DE DIREITO ESTRANGEIRO EM DECISÕES JUDICIAIS

EDUARDO JORDÃO

Já contei aqui sobre o caso em que o Cade apoiou-se no direito comparado de um jeito curioso: citando uma única decisão, de tribunal da Romênia, e ignorando conhecida jurisprudência americana em sentido contrário.

A seletividade explícita divertiu alguns leitores. Mas seria de fato necessário citar jurisdições com entendimentos contrários ao que o tribunal pretende adotar? No exemplo do Cade, o fato de citar-se um país periférico tem alguma relevância? O fato de a orientação omitida ser a dos EUA, país particularmente influente do direito antitruste brasileiro, torna a seletividade mais problemática? Há direitos que deveriam ser citados e outros não?

Há quem diga serem mais compreensíveis as citações a países mais próximos cultural e historicamente. Afinal, esses seriam indícios importantes do sucesso de eventual importação jurídica. A despeito disso, conhecido estudo empírico identifica que as cortes americana, canadense e alemã figuram sempre entre mais influentes, mesmo para países muito distintos deles, como Israel.

Se o critério a guiar a citação não for a semelhança cultural e histórica, qual seria? Alguns autores sugerem a relevância econômica e/ou cultural, que deixaria em evidência o país e, como consequência, também a sua jurisprudência. Outros apontam a relevância de aspectos relativos aos próprios magistrados: aspirações pessoais sobre jurisdições que deveriam servir de modelo ou relações acadêmicas com alguns países. Este último aspecto explicaria as menções de Gilmar Mendes ao direito alemão e as de Luís Roberto Barroso ao direito americano, por exemplo.

No mais, a seletividade também levanta questões sobre o *significado* do recurso ao direito estrangeiro. Quando um juiz menciona a orientação jurisprudencial de outra jurisdição, como seu argumento pode ser traduzido? A depender disso, a seletividade poderá ser mais ou menos problemática.

Uma forma *forte* de traduzir o argumento seria a seguinte: outros países já adotam aquela orientação e este deveria ser o sentido em direção ao qual se deveria marchar. Neste sentido, as jurisdições mencionadas são uma espécie de *norte moral* ou *civilizatório*.

Mas também é possível que a menção a outras jurisdições seja simplesmente uma forma de dizer que a solução que se quer adotar já vige em outros países. A ideia aqui seria valer-se da outra jurisdição como um reforço da razoabilidade da solução cogitada. Para uma utilização mais persuasiva do argumento neste sentido, seria conveniente que se reportassem as consequências da adoção desta solução naquela jurisdição: se gerou resultados sociais positivos, se foi objeto de crítica, se está em vias de ser alterada etc.

A literatura reporta a ampliação do recurso ao direito comparado pelos tribunais, no contexto geral da globalização. É importante que este movimento seja acompanhado das reflexões acima, para que as citações a direito estrangeiro possam contribuir de fato para a legitimidade das decisões judiciais e não sejam apenas elementos de retórica vazia.

Informação bibliográfica deste texto, conforme a NBR 6023:2018 da Associação Brasileira de Normas Técnicas (ABNT):

JORDÃO, Eduardo. Direito comparado com o quê? – Sobre critérios para uso de direito estrangeiro em decisões judiciais. *In*: SUNDFELD, Carlos Ari; JORDÃO, Eduardo; MOREIRA, Egon Bockmann; MARQUES NETO, Floriano de Azevedo; BINENBOJM, Gustavo; MENDONÇA, José Vicente Santos de; CÂMARA, Jacintho Arruda; JUSTEN FILHO, Marçal; PRADO, Mariana Mota; MONTEIRO, Vera. *Publicistas*: direito administrativo sob tensão. Belo Horizonte: Fórum, 2023. v. 2. p. 155-156. ISBN 978-65-5518-591-1.

A ALTA INTENSIDADE LEGISLATIVA BRASILEIRA – REALIDADE OU MITO URBANO?

EGON BOCKMANN MOREIRA

Muito se fala que os tempos atuais trazem quantidade absurda de novas leis. O mesmo se diz de emendas constitucionais e decretos executivos. Essa seria uma característica da contemporaneidade, que demandaria a contínua edição de diplomas normativos (isso sem se falar em abuso do poder de legislar). Ao contrário de eras pretéritas, em que os bons e velhos códigos imperariam soberanos por várias gerações, o direito positivo de hoje seria eminentemente precário. O que teria se agravado nos últimos anos, sobretudo em vista da pandemia.

Mas será que isso é verdadeiro, ou estaríamos diante de outro mito urbano?

Sem a mínima pretensão de sequer esboçar os dados finais, eu resolvi fazer um levantamento a partir da atual Constituição, promulgada em outubro de 1988. Organizei informações com base em critérios simples. Ainda assim, fui surpreendido pelos resultados.

Tomei por base o ano inteiro de 1989. Depois, saltei outros 15 e investiguei 2004, para fazer o último levantamento em 2021. Investiguei apenas três ordens de fontes: emendas constitucionais, leis ordinárias e decretos presidenciais. A base de dados foi a página de legislação da Presidência da República.

Quanto às emendas constitucionais, estas sim foram de maré montante, *ma non troppo*: a primeira só se deu em 1992 (naquele ano, e em 1993, foram duas anuais; em 1994, nenhuma). De lá para cá, exceção feita a 2018, todos os anos tiveram ao menos uma para chamar de sua (o recordista foi 2014, com oito emendas à Constituição). Voltando ao critério dos 15 anos, no ano de 2004 vieram três – a metade das seis de 2021. Ou seja, em 2021 foi alto o número, mas nenhum assombro.

Para a legislação ordinária, os números vão em sentido contrário, de maré vazante. No ano de 1989, foram 275 leis ordinárias. Em 2004, quase uma centena a menos: 196 leis. Já, em 2021, o número foi menor ainda: apenas 171 leis ordinárias (isso sem se contar aquelas com veto integral).

Ao seu tempo, em 1989 tivemos 1.357 decretos presidenciais, em 2004, 382 e, em 2021, só 331 (alguns deles que meramente trazem listas intermináveis de decretos revogados). Se em 2021 houve mais de três centenas de atos executivos e a média ultrapassa os 27 por mês, ela não chega aos pés dos mais de 113/mês de 1989.

Concordo que podem existir muitos argumentos a retirar consistência aos dados. Por exemplo, o primeiro momento pós-nova Constituição poderia exigir mais leis e decretos, para renovar a legislação ordinária e sua aplicação executiva. Ou que há diplomas longos e outros curtos. Igualmente, alguém poderia sustentar que o 7 a 1 da Alemanha no Brasil em 2014 precisaria de uma compensação à altura, ao nível constitucional. Mas nada disso afasta os números da produção legislativa brasileira.

Talvez esteja na hora de revisarmos o conceito de alta intensidade legislativa brasileira. Sobretudo no que se refere ao ano de 2021, eis que, em nenhum dos três níveis legislativos primários, ele foi o campeão.

Informação bibliográfica deste texto, conforme a NBR 6023:2018 da Associação Brasileira de Normas Técnicas (ABNT):

MOREIRA, Egon Bockmann. A alta intensidade legislativa brasileira – Realidade ou mito urbano?. *In*: SUNDFELD, Carlos Ari; JORDÃO, Eduardo; MOREIRA, Egon Bockmann; MARQUES NETO, Floriano de Azevedo; BINENBOJM, Gustavo; MENDONÇA, José Vicente Santos de; CÂMARA, Jacintho Arruda; JUSTEN FILHO, Marçal; PRADO, Mariana Mota; MONTEIRO, Vera. *Publicistas*: direito administrativo sob tensão. Belo Horizonte: Fórum, 2023. v. 2. p. 157-158. ISBN 978-65-5518-591-1.

DECRETOS: O QUE SUAS ALTERAÇÕES QUALITATIVAS E QUANTITATIVAS NOS REVELAM? – É NECESSÁRIO REVER OS CONCEITOS E PRESTAR MUITA ATENÇÃO NESSA TÉCNICA NORMATIVA

EGON BOCKMANN MOREIRA

A figura jurídica do "decreto" é peculiar na história brasileira. Embora previsto, desde a Carta Imperial de 1824 (art. 102, XII), como ato administrativo destinado a dar boa (ou fiel) execução às leis, essa palavra sempre foi manejada de forma mais criativa. A República foi proclamada e a Federação constituída por meio do Decreto nº 1/1889. Décadas depois, o Decreto nº 19.398/1930 instalou o Governo Provisório e dissolveu o Congresso Nacional, além de suspender as garantias individuais. Isso sem se falar que, em 1937, a assim dita Constituição foi "decretada" pela "autoridade suprema do Estado", o presidente da República (art. 73). Óbvio que há decretos e decretos, mas a palavra é uma só.

Com o passar do tempo, outras foram surgindo ("atos", "resoluções", ou mesmo o afetuoso "decreto-lei"), em vários níveis de normatividade. Mas ele, decreto, manteve-se altivo, sempre disposto a colocar à prova a legalidade. Algumas vezes de modo sutil, outras nem tanto. Mas fato é que o manejo dessa figura revela o protagonismo atribuído ao Poder Executivo (por si mesmo ou pela lei). Atualmente, a sua profusão instala a necessidade de o repensarmos. Basta constatar alguns dados.

Por um lado, a (quem sabe) atual Lei de Licitações (a nº 14.133/2021) literalmente exige mais de duas dezenas de regulamentos (decretos e portarias) para sua execução; ao passo que na (talvez) antiga Lei nº 8.666/1993 não passavam de dois ou três. O legislador optou por criar competências regulatórias, transitando do legal para o administrativo. Por outro, há casos em que não há previsão expressa, mas o Poder

Executivo promove decretos com razoável carga inovadora (como no de nº 10.710/2021 e nos de nº 11.466, 11.467 e 11.468, estes de 2023, todos referentes ao setor de saneamento). Conforme eu assinalei aqui, já o Decreto nº 10.710 não só executa, mas instala a função de dinamização da lei: não é autônomo, tampouco puramente executivo (além de poder incidir em toda a Federação).

Para além do conteúdo normativo dos atuais decretos brasileiros, precisamos também prestar atenção no seu volume: de 1º de janeiro a 10 de abril de 2023, já foram editados 163 decretos. Em períodos análogos (os primeiros 100 dias do novo governo), em 2019, foram 93, em 2015, 44, e, em 2011, apenas 35. Evidentemente que há fatores dissociativos, mas uma coisa é certa: mesmo em momentos de ruptura (2019), como de continuidade (2015), na história recente não haviam sido editados tantos decretos. Isso é sinalização importante quanto ao protagonismo autoatribuído pelo chefe do Poder Executivo.

Palavras são palavras, já cantava o Rei Roberto. Decretos nem sempre são exatamente aquilo que pensamos que sejam ou gostaríamos que fossem. Se isso fosse excepcional, este artigo não se justificaria. Mas, a partir do momento em que a fiel execução se transforma de modo intenso, qualitativa e quantitativamente falando, e assume foros constitutivos, mandamentais e dinamizadores, é necessário prestarmos atenção e, quem sabe, revisarmos os conceitos.

Informação bibliográfica deste texto, conforme a NBR 6023:2018 da Associação Brasileira de Normas Técnicas (ABNT):

MOREIRA, Egon Bockmann. Decretos: o que suas alterações qualitativas e quantitativas nos revelam? – É necessário rever os conceitos e prestar muita atenção nessa técnica normativa. *In*: SUNDFELD, Carlos Ari; JORDÃO, Eduardo; MOREIRA, Egon Bockmann; MARQUES NETO, Floriano de Azevedo; BINENBOJM, Gustavo; MENDONÇA, José Vicente Santos de; CÂMARA, Jacintho Arruda; JUSTEN FILHO, Marçal; PRADO, Mariana Mota; MONTEIRO, Vera. *Publicistas*: direito administrativo sob tensão. Belo Horizonte: Fórum, 2023. v. 2. p. 159-160. ISBN 978-65-5518-591-1.

DUAS PORTARIAS DEGENERADAS – PRESCRIÇÕES DESPROPOSITADAS EM INSTRUMENTOS NORMATIVOS INCONSTITUCIONAIS

EGON BOCKMANN MOREIRA

Portarias são espécie de ato administrativo geral, com grau inferior aos decretos. Estão num nível quaternário de hierarquia normativa (Constituição, leis, decretos e, depois, portarias). Sua nomenclatura técnica é disciplinada nos decretos nºs 9.191/2017 (elaboração, redação, alteração, consolidação e encaminhamento de atos normativos ao presidente da República pelos ministros de Estado) e 10.139/2019 (revisão e consolidação dos atos normativos inferiores a decreto). Elas são atos normativos internos que servem a que os superiores hierárquicos deem ordens apenas a seus subordinados, com o intuito de uniformizar procedimentos ou estabelecer diretrizes para o exercício de competências.

Por servirem a organizar o funcionamento da máquina administrativa, portarias são apelidadas de atos ordinatórios. Não podem se dirigir a pessoas privadas, muito menos limitar direitos e liberdades. Essa compreensão é antiga no STF. O Min. Aliomar Baleeiro colocou-as no seu devido lugar: "Mediante portarias se podem estabelecer formulários, modelos e outros expedientes administrativos, sem inovar a lei ou criar, para o cidadão, ônus que nesta não figura" (AI nº 57.279, j. 31.8.1973).

Duas portarias recentes – uma, do Secretário Nacional de Fomento e Incentivo à Cultura, e outra, do Ministro do Trabalho e Previdência – pretenderam inovar não só seu regime jurídico, mas especialmente contrariar o art. 5º, inc. II, da Constituição (o princípio da legalidade), eis que tentam criar obrigações a pessoas privadas.

A primeira é sucinta. Veda, "nos projetos financiados pela Lei nº 8.313/91, o uso e/ou utilização, direta ou indiretamente, além da apologia, do que se convencionou chamar de linguagem neutra". Já a segunda, repleta de "considerandos", proíbe a exigência de comprovante de vacinação porque seria "prática discriminatória e limitativa para efeito de acesso à relação de trabalho" (equiparando-a aos motivos de sexo, origem, raça, cor, estado civil, deficiência etc.). Poderíamos tratar de diversos aspectos do conteúdo dos atos. Mas fiquemos na legalidade, pois o que chama atenção, em ambos os casos, são os verbos dirigidos à iniciativa privada: vedar e proibir.

Ora, portarias só podem estatuir ordens aos inferiores hierárquicos das autoridades que as promanam. Não podem usurpar a competência primária do Legislativo e dirigir-se às pessoas privadas, proibindo o exercício das liberdades constitucionais. Muito menos regrar questões de saúde pública ou interferir na gestão de pessoal. Se o fizerem, estarão desprezando a necessidade de lei para poderem obrigar alguém – sejam os proponentes de projetos culturais, sejam os empresários – a fazer ou deixar de fazer algo.

Ambas as portarias são juridicamente degeneradas: ignoram as qualidades próprias de sua espécie normativa. Não se prestam a obrigar a quem quer que seja.

Informação bibliográfica deste texto, conforme a NBR 6023:2018 da Associação Brasileira de Normas Técnicas (ABNT):

MOREIRA, Egon Bockmann. Duas portarias degeneradas – Prescrições despropositadas em instrumentos normativos inconstitucionais. *In*: SUNDFELD, Carlos Ari; JORDÃO, Eduardo; MOREIRA, Egon Bockmann; MARQUES NETO, Floriano de Azevedo; BINENBOJM, Gustavo; MENDONÇA, José Vicente Santos de; CÂMARA, Jacintho Arruda; JUSTEN FILHO, Marçal; PRADO, Mariana Mota; MONTEIRO, Vera. *Publicistas*: direito administrativo sob tensão. Belo Horizonte: Fórum, 2023. v. 2. p. 161-162. ISBN 978-65-5518-591-1.

À ESPERA DA REVOLUÇÃO DA BREVIDADE – DECISÕES DO SUPREMO AINDA SÃO DOLOROSAMENTE LONGAS E DIGRESSIVAS – ENCURTE-SE

JOSÉ VICENTE SANTOS DE MENDONÇA

Roe v. Wade, sem as notas, possui trinta e sete páginas. *Brown v. Board of Education of Topeka*, no mesmo padrão de espaço simples e Times doze, possui cinco páginas.

Já no *Habeas Corpus* nº 121.903, julgado em 2014, Afanásio Guimarães foi denunciado pelo MP por haver afanado uma galinha. O STF concedeu o *HC* em 14 páginas.

Em casos semelhantes – *HCs* nºs 123.734, 123.533 e 123.108 –, discutia-se a insignificância. Antes de julgar o furto de um chinelo, Barroso, o relator, escreveu oito páginas sobre o direito penal; trouxe dados do CNJ; observou que a atividade policial é mal paga; afirmou que juízes se apegam a qualquer razão para evitar enviar alguém à prisão por crimes não violentos; citou dados do Departamento Penitenciário Nacional; observou que há Anteprojeto de Código Penal. 11 páginas. Depois, ofereceu panorama da jurisprudência (5 páginas), discorreu sobre as bases da insignificância (8 páginas). Propôs, então, consenso sobre o tema (7 páginas). Encerrou seu voto às 45 páginas, ainda do primeiro tempo.

A decisão totalizou 178 páginas.

Pois reflitamos. Como as decisões do STF são *longas*. Como elas falam *de tudo*. É inclusive possível afirmar que, sob certos critérios, elas estejam aumentando. De acordo com Fernando Leal *et al.*, "todas as dez maiores decisões do Supremo Tribunal Federal ocorreram nos últimos vinte anos e, entre elas, oito foram julgadas nos últimos seis anos".[1]

Há problemas com decisões assim. Elas dificultam a compreensão das premissas, e, no limite, até do que foi julgado (*vide* Raposa Serra do Sol). Além disso, coalhá-las do que a *Piauí* chamou de "erudição de almanaque" compromete seu rigor e, com isso, talvez, sua eficácia persuasiva. Por fim, perde-se a oralidade.

Cogito de algumas razões para decisões tão longas e cacofônicas. (i) A primeira é trivial: o uso de processadores de texto facilita o copiar-e-colar. (ii) Além disso, tem-se a internet, que permite acesso tanto a precedentes quanto à literatura especializada. (iii) Há relativa incompreensão sobre o papel do juiz constitucional. Ele deve julgar, redigir tese, demonstrar erudição? Na dúvida, e com a difusão da pós-graduação em direito e o auxílio de assessores daí advindos, decisões vêm se transformando em *papers* que transitam em julgado. (iv) Uma razão psicológica: ministros redigem votos longos porque os demais o fazem. (v) Por fim, com a judicialização da vida, de fato casos complexos passaram a ser julgados pelo Supremo, com destaque para ações penais.

Dito isso, urge que se faça de vez a revolução da brevidade no direito. Com a ressalva de que brevidade não pode ser superficialidade, o fato é que há que se começar a levar a sério as ideias de acessibilidade e clareza do conteúdo de petições e decisões. A internet nos fez todos inteligentes e cultos, mas ainda precisamos do mais complexo: escrever simples.

Informação bibliográfica deste texto, conforme a NBR 6023:2018 da Associação Brasileira de Normas Técnicas (ABNT):

MENDONÇA, José Vicente Santos de. À espera da revolução da brevidade – Decisões do Supremo ainda são dolorosamente longas e digressivas – encurte-se. *In*: SUNDFELD, Carlos Ari; JORDÃO, Eduardo; MOREIRA, Egon Bockmann; MARQUES NETO, Floriano de Azevedo; BINENBOJM, Gustavo; MENDONÇA, José Vicente Santos de; CÂMARA, Jacintho Arruda; JUSTEN FILHO, Marçal; PRADO, Mariana Mota; MONTEIRO, Vera. *Publicistas*: direito administrativo sob tensão. Belo Horizonte: Fórum, 2023. v. 2. p. 163-164. ISBN 978-65-5518-591-1.

[1] Disponível em: https://www.academia.edu/45608522/A_justifica%C3%A7%C3%A3o_de_decis%C3%B5es_no_Supremo_extens%C3%A3o_das_decis%C3%B5es_e_aplica%C3%A7%C3%A3o_de_precedentes.

PARTE XIII

DIREITO ADMINISTRATIVO E CONSTITUIÇÃO

DIREITO CONSTITUCIONAL ADMINISTRATIVO? – SE NUNCA TIVEMOS UM CÓDIGO, A PARTIR DE 1988, APOSTAMOS NA INFLAÇÃO CONSTITUCIONAL-ADMINISTRATIVA

EGON BOCKMANN MOREIRA

Muito embora houvesse temas de direito administrativo nos diplomas anteriores, que persistem espalhados na geografia constitucional, fato é que a atual Constituição brasileira inovou com a positivação do amplo Capítulo VII, intitulado "Da Administração Pública", dividido em 4 seções ("Disposições Gerais"; "Dos Servidores Públicos"; "Dos Militares dos Estados, do Distrito Federal e dos Territórios"; "Das Regiões").

O leitor pode até se deixar enganar pelo número pequeno de artigos, do 37 ao 42, mas o exame do texto constitucional revelará que se está diante 52 incisos; 56 parágrafos e três alíneas (aproximadamente 3.979 palavras: mais de dez vezes este artiguinho). Na medida em que o texto não prima pela boa técnica e incorpora artigos na condição de parágrafos e incisos, não será exagero sustentar que esse capítulo constitucional contém mais de uma centena de dispositivos de direito administrativo.

Mais: tal capítulo já foi objeto de 12 emendas constitucionais inclusivas, modificativas e revogatórias, quais sejam: nºs 18/1998; 19/1998; 20/1998; 34/2001; 41/2003; 42/2003; 47/2005; 88/2015; 101/2019; 103/2019; 106/2020 e 109/2021. Inclusive, a nº 19/1998 violou o processo legislativo ao tentar alterar o *caput* do art. 39 – regime jurídico dos servidores públicos – a fazer com que o STF, cautelarmente, determinasse o retorno à redação original (ADI nº 2.135 MC, Rel. Ministra Ellen Gracie). Tem de tudo – ou quase tudo, portanto.

Logo, o direito administrativo brasileiro é demasiadamente constitucionalizado, em temas que vão desde os princípios da Administração, passando pela larga avenida de cargos e funções (ingresso, remuneração, estabilidade e aposentadoria), formas de participação do usuário de bens e serviços, licitações e equilíbrio econômico-financeiro de contratos, improbidade, responsabilidade, informações privilegiadas, contratos de gestão, administração indireta, e até a criação de organizações regionais. Apesar dessa multiplicidade, em termos quantitativos, o grande foco do capítulo da Administração Pública é, sem dúvida, os servidores públicos e suas garantias funcionais.

Isso agravado pelo fato de que todos esses artigos estão razoavelmente bem embaralhados, ao lado de normas administrativas que habitam outros endereços constitucionais (bens públicos; serviços e competências funcionais; tribunais de contas; organização do Poder Executivo e competências, etc.). Bem vistas as coisas, existe mais direito administrativo fora do que dentro do Capítulo VII da Constituição, sem qualquer organização sistemática.

A provocação que lhes faço é: valeu a pena tudo isso? Tais temas têm mesmo estatura constitucional ou houve excessos, transformando-se a Constituição num grande e desarrumado Código de Direito Administrativo? Quem ganha com isso?

Informação bibliográfica deste texto, conforme a NBR 6023:2018 da Associação Brasileira de Normas Técnicas (ABNT):

MOREIRA, Egon Bockmann. Direito constitucional administrativo? – Se nunca tivemos um Código, a partir de 1988, apostamos na inflação constitucional-administrativa. *In*: SUNDFELD, Carlos Ari; JORDÃO, Eduardo; MOREIRA, Egon Bockmann; MARQUES NETO, Floriano de Azevedo; BINENBOJM, Gustavo; MENDONÇA, José Vicente Santos de; CÂMARA, Jacintho Arruda; JUSTEN FILHO, Marçal; PRADO, Mariana Mota; MONTEIRO, Vera. *Publicistas*: direito administrativo sob tensão. Belo Horizonte: Fórum, 2023. v. 2. p. 167-168. ISBN 978-65-5518-591-1.

DEU NO *NEW YORK TIMES* – JORNAL AMERICANO APONTA CONTRADIÇÕES DO STF QUE, NUMA CRUZADA INSTITUCIONAL EM DEFESA DA DEMOCRACIA, TEM ADOTADO MEDIDAS DIFICILMENTE DEFENSÁVEIS NUM ESTADO DE DIREITO

GUSTAVO BINENBOJM

Jack Nicas e André Spigariol publicaram no *The New York Times*, em 26.9.2022, a matéria "To defend democracy, is Brazil's Top Court going too far?". Numa retrospectiva dos últimos anos, a reportagem destaca como o Supremo Tribunal Federal se ergueu como barreira de contenção institucional a medidas de inspiração autoritária do governo Bolsonaro, mas questiona se a Corte não teria, ela própria, incorrido em alguns excessos de poder na sua cruzada democrática.

As medidas constritivas adotadas pelo Ministro Alexandre de Moraes contra empresários que, numa lista de mensagens, externaram seu desapreço a Lula e bravatearam em favor de um golpe no caso da sua vitória nas eleições, foram o ponto de ancoragem para a análise crítica de outras providências do STF na mesma linha, em especial daquelas ordenadas no âmbito do chamado inquérito das *fake news*. Talvez pelo distanciamento gradual dos fatos, talvez pela posição política insuspeita do *NY Times* em relação ao governo Bolsonaro, a matéria acaba por lançar luzes sobre o óbvio: parece hoje claro que algumas dessas medidas dificilmente seriam defensáveis num Estado de direito. Anomalias do Executivo – mesmo daquelas que ameacem a independência do Poder Judiciário – não justificam anomalias judiciais. *Two wrongs don't make a right*.

Não discuto a questão da necessidade. Só quem vivenciou as entranhas do poder no período histórico em tela poderá dizer, com acuidade, se todas as posturas do STF tinham razão de ser. É possível que as ameaças fossem ainda piores do que supúnhamos ser. Mas o ponto é que, onde os fins passam a justificar os meios, já não existe mais um Estado de direito. Onde o julgador é investigador, acusador e vítima do crime, toda a noção de devido processo legal foi subvertida. Isso já seria grave se fosse uma prática isolada de um juiz obscuro. Mas se quem o faz é a Suprema Corte, então a situação é mais séria, em virtude de sua posição terminal na hierarquia do Poder Judiciário. Como dizia Francisco Campos, ao se referir ao papel do STF: "juiz último da autoridade dos demais poderes; juiz único de sua própria autoridade".

É preciso reconhecer que o STF tem uma folha de serviços relevantes prestados à democracia no Brasil, sobretudo sob a égide da Constituição de 1988. Sua jurisprudência em matéria de direitos fundamentais, especialmente no campo das liberdades públicas, representa um avanço civilizatório e um dos pilares da nossa democracia. Não obstante, cumpre também reconhecer que alguns excessos têm sido cometidos, ainda quando praticados sob a justificativa de defesa do próprio regime democrático. Mesmo inexistindo uma instância superior que os corrija, uma Corte Suprema tem a sua autoridade e reputação baseadas no respeito que demonstre às regras de direito que ela mesma declara.

Informação bibliográfica deste texto, conforme a NBR 6023:2018 da Associação Brasileira de Normas Técnicas (ABNT):

BINENBOJM, Gustavo. Deu no New York Times – Jornal americano aponta contradições do STF que, numa cruzada institucional em defesa da democracia, tem adotado medidas dificilmente defensáveis num Estado de direito. *In*: SUNDFELD, Carlos Ari; JORDÃO, Eduardo; MOREIRA, Egon Bockmann; MARQUES NETO, Floriano de Azevedo; BINENBOJM, Gustavo; MENDONÇA, José Vicente Santos de; CÂMARA, Jacintho Arruda; JUSTEN FILHO, Marçal; PRADO, Mariana Mota; MONTEIRO, Vera. *Publicistas*: direito administrativo sob tensão. Belo Horizonte: Fórum, 2023. v. 2. p. 169-170. ISBN 978-65-5518-591-1.

O NOVO PAPEL DO SUPREMO É O CONTROLE DE NORMALIDADE – DESAFIO É MANTER LEGITIMIDADE E PRESERVAR O FUTURO

JOSÉ VICENTE SANTOS DE MENDONÇA

Nas *Meditações do Quixote*, Ortega y Gasset afirma que "eu sou eu e minha circunstância, e, se não salvo a ela, não me salvo a mim". Também as instituições são elas e suas circunstâncias. Vejamos o Supremo.

No passado, houve discussões, que hoje soam otimistas ou ingênuas, sobre os limites de sua interpretação, a ausência de método na ponderação, os limites da teoria da argumentação jurídica. Bons tempos! Para bem ou para mal, o Brasil de 2022 é cada dia menos Kelsen, cada dia menos Alexy – é cada dia mais um Schmitt bananeiro a operar no zapistão profundo.

A prática política mudou tanto e tão rápido que acabou por solicitar mudanças no papel da corte. Eis que não se trata mais de realizar um controle de constitucionalidade à luz de dispositivos postos num documento. Trata-se de funcionar como garante da institucionalidade diante de uma miríade de estratégias disruptivas da democracia liberal. O manual diz que o Supremo é uma corte constitucional que realiza controle de constitucionalidade. O STF também é isso, mas, no Brasil de hoje, é, antes e sobretudo, uma *corte institucional* que realiza um *controle de normalidade*.

A orquestra do Titanic teve que aprender a manejar botes. Diante disso, cabe a crítica de que não esteja atenta à partitura?

A própria percepção da composição da corte se alterou. O cientista político Christian Lynch possui metáfora interessante: até pouco depois da Constituição de 1988, o Supremo era visto meio que como um Tribunal de Contas da União. Fazia seu papel, mas o taxista não conhecia nomes nem decisões. (O TCU também já não quer mais ser o TCU, mas esse é outro papo.) Nunca mais vai ser assim. Se pênalti é tão importante que o presidente do clube é quem deve bater, escolha de ministro do STF passou a ser tão essencial que não é mais coisa de jurista.

Embora o Supremo, há tempos, encontrasse, docemente constrangido, desculpas para ampliar sua força – e esse é um de seus graves pecados –, nunca fora emparedado ao ponto em que, ou viraria outra coisa, ou perderia sua razão de ser (detalhe: inclusive como corte constitucional). Mas a questão é saber se, ao exercer o controle de normalidade, a pós-normalidade não lhe corroerá as reservas de legitimidade. Críticos dizem que falta constituição para tanto constitucionalismo. A insatisfatória resposta possível: vão-se os métodos, ficam os alegados valores constitucionais.

Mas consideremos que o futuro traga mares menos revoltos. Jean Baudrillard questionava, em *A transparência do mal*: o que você vai fazer depois da orgia? Como alguém abre mão de poderes excepcionais? Sem falar em preocupações mais pedestres: como colar os caquinhos da teoria constitucional? Temos um encontro marcado com o que sobrou do direito constitucional brasileiro em alguns anos. Até lá, resta lidar com as circunstâncias.

Informação bibliográfica deste texto, conforme a NBR 6023:2018 da Associação Brasileira de Normas Técnicas (ABNT):

MENDONÇA, José Vicente Santos de. O novo papel do Supremo é o controle de normalidade – Desafio é manter legitimidade e preservar o futuro. *In*: SUNDFELD, Carlos Ari; JORDÃO, Eduardo; MOREIRA, Egon Bockmann; MARQUES NETO, Floriano de Azevedo; BINENBOJM, Gustavo; MENDONÇA, José Vicente Santos de; CÂMARA, Jacintho Arruda; JUSTEN FILHO, Marçal; PRADO, Mariana Mota; MONTEIRO, Vera. *Publicistas*: direito administrativo sob tensão. Belo Horizonte: Fórum, 2023. v. 2. p. 171-172. ISBN 978-65-5518-591-1.

AUTOSSABOTAGEM CONSTITUCIONAL – O RISCO DE O STF TRABALHAR EM DESPRESTÍGIO À CONSTITUIÇÃO

EGON BOCKMANN MOREIRA

A edição 193 do *Boletim Repercussão Geral*, do STF, traz importante alerta sobre a expansão de matérias submetidas a juízos de constitucionalidade – e da enorme complexidade gerada pelo próprio Tribunal em torno desse assunto.

O *Boletim* abre com o Tema nº 1.191: a "Taxa Referencial (TR) como índice de correção monetária de créditos trabalhistas". A tese fixada traz assuntos como TR; IPCA-E; taxa Selic; Código Civil; juros moratórios; Fazenda Pública; quatro ações diretas de inconstitucionalidade sobre temas diversos; CPC; correção monetária e fases de seu cálculo judicial. Não menciona nenhum – friso, nenhum – artigo da Constituição.

O acórdão – enxuto, com dezessete páginas – traz 9 menções à Constituição, mas cita expressamente apenas dois artigos: o 100, §12 (índice de correção de precatórios), e o 5º, incs. II e XXXVI (legalidade, ato jurídico perfeito, direito adquirido e coisa julgada). Ou seja, com lastro no índice de correção de precatórios combinado com a multiuso "segurança jurídica", o STF acolheu recurso extraordinário e fixou tese que não trata, em momento algum, da aplicabilidade imediata de qualquer norma constitucional.

Parece-me que isso revela algo bastante perigoso. Afinal, não são de hoje as queixas a propósito da excessiva atribuição da Suprema Corte. No relatório da gestão de 2018-2020, constam 3.446 processos/mês registrados à Presidência e 3.500 processos/mês distribuídos aos ministros, com 201.284 decisões (169.607 monocráticas). Já no relatório de atividades de 2021, constam 77.449 processos recebidos, dos quais 48.117 foram à Presidência e 33.166 aos ministros, com 98.198 decisões (82.781 monocráticas).

Sejamos realistas: 98.198 decisões/ano é um despautério. Em cálculos inexatos, são mais de 8.927 decisões por ministro: 24 por dia, em todos os 365 do ano. Alguma coisa está fora da ordem, eis que estamos a tratar de seres humanos analisando controvérsias complexas, a envolver milhões de páginas de leitura. Com esses números, é humanamente impossível que o STF desempenhe a contento as tarefas que lhe foram cometidas. Por mais louvável que seja o esforço, tal volume esvazia a razão de ser de um Tribunal Constitucional. Situação que se agrava – e muito – quando a própria Corte traz para si temas que a Constituição não lhe atribuiu.

Não consigo imaginar quão tentador seja decidir temas relevantes para vida de múltiplas pessoas – como a correção monetária de débitos trabalhistas. Tenho também consciência de que nossa Constituição é por demais analítica. Todavia, talvez esteja na hora de o STF parar de se autossabotar e julgar apenas e tão somente os casos comprovada, efetiva e imediatamente constitucionais. Afinal, a partir do momento em que se reputar que tudo – todas as leis, atos, contratos e situações jurídicas – tem relevância constitucional, a Constituição deixará de existir como tal.

Informação bibliográfica deste texto, conforme a NBR 6023:2018 da Associação Brasileira de Normas Técnicas (ABNT):

MOREIRA, Egon Bockmann. Autossabotagem constitucional – O risco de o STF trabalhar em desprestígio à Constituição. *In*: SUNDFELD, Carlos Ari; JORDÃO, Eduardo; MOREIRA, Egon Bockmann; MARQUES NETO, Floriano de Azevedo; BINENBOJM, Gustavo; MENDONÇA, José Vicente Santos de; CÂMARA, Jacintho Arruda; JUSTEN FILHO, Marçal; PRADO, Mariana Mota; MONTEIRO, Vera. *Publicistas*: direito administrativo sob tensão. Belo Horizonte: Fórum, 2023. v. 2. p. 173-174. ISBN 978-65-5518-591-1.

CONTROLE PRÉVIO DE CONSTITUCIONALIDADE DE PECS – SUPREMO DEVE DEFENDER O DEVIDO PROCESSO LEGISLATIVO CONSTITUCIONAL NA TRAMITAÇÃO DA PEC DOS PRECATÓRIOS

GUSTAVO BINENBOJM

A jurisprudência do STF é firme no sentido de que o controle prévio de propostas legislativas é algo excepcional, limitado à tutela do devido processo legislativo constitucional. Nestes casos, avulta a importância da intervenção do Supremo como árbitro das regras do jogo democrático e garante dos direitos da minoria contra maiorias que burlem o procedimento previsto na Constituição.

A tramitação da PEC dos Precatórios na Câmara dos Deputados foi marcada por atropelos. Duas medidas descumpriram normas previstas na Constituição. A primeira foi a autorização para a participação na votação, por via remota, de deputados licenciados para a COP-26 – decisão casuística que interferiu no resultado final, pois o quórum de aprovação (3/5 dos membros da Casa) não teria sido alcançado sem esses votos. A segunda medida foi a inclusão de uma "emenda aglutinativa", não aprovada nas comissões e que não contou com o apoio de 1/3 (um terço) dos deputados, conforme exigido pelo art. 60, I, da Constituição. Parlamentares impugnaram o resultado perante o STF, mas a Ministra Rosa Weber optou por não deferir a liminar, numa postura de autocontenção.

Houve uma infeliz coincidência entre a análise dessas ações e daquela relativa às emendas de relator, na qual a Ministra Rosa Weber já havia deferido liminar suspendendo o chamado orçamento secreto. O STF optou por centrar carga neste caso, deixando a análise da constitucionalidade da PEC dos Precatórios para depois. De parte os vícios formais, a PEC prevê um limite não só para o pagamento, mas também para a expedição de precatórios, como se o Poder Judiciário só pudesse determinar o cumprimento de suas decisões se o governo federal estivesse disposto a pagar. Trata-se de afronta a cláusulas pétreas da Constituição, como o direito à tutela jurisdicional efetiva e o princípio da independência entre os poderes.

A alegação é de que o pagamento dos precatórios está sendo preterido para viabilizar espaço fiscal para pagamento do auxílio-Brasil. Não é verdade. Haveria condições financeiras para, por meio de uma medida provisória, o presidente da República robustecer o bolsa-família e até ampliar a base de beneficiários, sem necessidade de furar o teto de gastos e sem dar calote nos precatórios.

Em 2010, o STF declarou a inconstitucionalidade da Emenda Constitucional nº 30/2001 (ADI nº 2.356), que parcelava em dez anos os precatórios da União. Ao demorar quase dez anos para realizar o julgamento, o Supremo legitimou os parcelamentos já consumados. Eventual aprovação da PEC dos Precatórios no Senado não fará desaparecer as dívidas judiciais da União, nem superará as sérias objeções constitucionais que o próprio Supremo já reconheceu no parcelamento dos precatórios. Resta saber se o STF levará outros dez anos para apreciar o caso ou se agirá a tempo, evitando que, consumado o fato, ele se torne um dano irreversível à credibilidade do país. Não podemos banalizar a judicialização da política, tampouco devemos admitir a politização da Justiça.

Informação bibliográfica deste texto, conforme a NBR 6023:2018 da Associação Brasileira de Normas Técnicas (ABNT):

BINENBOJM, Gustavo. Controle prévio de constitucionalidade de PECs – Supremo deve defender o devido processo legislativo constitucional na tramitação da PEC dos Precatórios. *In*: SUNDFELD, Carlos Ari; JORDÃO, Eduardo; MOREIRA, Egon Bockmann; MARQUES NETO, Floriano de Azevedo; BINENBOJM, Gustavo; MENDONÇA, José Vicente Santos de; CÂMARA, Jacintho Arruda; JUSTEN FILHO, Marçal; PRADO, Mariana Mota; MONTEIRO, Vera. *Publicistas*: direito administrativo sob tensão. Belo Horizonte: Fórum, 2023. v. 2. p. 175-176. ISBN 978-65-5518-591-1.

OS MILITARES E A CONSTITUIÇÃO – O DEBATE JURÍDICO PODE AJUDAR NO AMADURECIMENTO DAS FORÇAS ARMADAS?

CARLOS ARI SUNDFELD

Após as eleições, os comandantes militares acharam oportuno divulgar uma nota. Nela, cobraram das "autoridades da República [...] a estrita observância das atribuições e dos limites de suas competências, nos termos da Constituição e da legislação". No final, disseram que as forças armadas estariam "atentas e focadas em seu papel constitucional".

Se fosse só isso, seria uma boa resposta às pessoas exaltadas que andam clamando contra o resultado das eleições democráticas. Quarteladas não se inserem no papel constitucional dos militares, de modo que a nota parecia garantir: "Não vai haver golpe nenhum e não daremos um passo sequer fora de nossas competências".

Mas, surpreendentemente, a mesma nota se pôs a sugerir leituras de normas constitucionais e legais sobre as liberdades de manifestação do pensamento, de reunião e de locomoção. Com base nelas, criticou "eventuais restrições a direitos, por parte de agentes públicos" e afirmou a necessidade de "corrigir possíveis arbitrariedades ou descaminhos autocráticos". No contexto, que todos conhecemos, soou como censura ao Judiciário, em especial ao Tribunal Superior Eleitoral e ao Supremo Tribunal Federal.

Daí a dúvida: por que os chefes militares teriam o "papel constitucional" de dar a palavra correta sobre as liberdades, a validade de atos judiciais e os limites das competências alheias?

Embora a nota não se estenda no ponto, ela descreveu as forças armadas como "moderadoras nos mais importantes momentos de nossa história". Com isso, sugeriu que os comandantes teriam uma competência moderadora, superior às das demais autoridades do país.

Militares reclamam muito da indiferença, incompreensão ou preconceito da sociedade. Pode ser verdade. Mas, para serem respeitados, eles precisam ser consistentes no que dizem. De onde os comandantes tiraram a ideia de que lhes caberia moderar juízes?

Nós, acadêmicos, devemos estar sempre dispostos a examinar ideias. Por isso, o pesquisador jurídico Marcelo Porciúncula organizou uma obra, que acaba de sair, reunindo trabalhos de diversos autores: *A competência das Forças Armadas segundo o art. 142 da Constituição Federal de 1988* (Ed. Marcial Pons, 2022).

Na primeira parte, ela dá voz a três juristas que, defensores de intervenções militares, argumentam com a necessidade de conter possíveis excessos de outras autoridades – mas, a meu ver, não explicam porque decisões militares seriam mais jurídicas, mais contidas e mais justas que as dos imperfeitos juízes.

A segunda parte contém vários capítulos contrários a essa visão. Um deles, de autoria minha com Carlos Tristão ("As Forças Armadas não são poder deliberante, são órgãos administrativos"), procura mostrar que a tese do poder militar moderador não é jurídica: jamais entrou nas Constituições brasileiras, foi rejeitada nos debates constituintes (o guardião de última instância da Constituição é o STF, não as forças armadas – art. 102) e não tem nenhuma tradição jurídica. É só uma tese artificial, desconectada das normas e descrente do valor das instituições jurídicas. Líderes militares responsáveis do século XXI fariam bem em ficar longe dela.

Informação bibliográfica deste texto, conforme a NBR 6023:2018 da Associação Brasileira de Normas Técnicas (ABNT):

SUNDFELD, Carlos Ari. Os militares e a Constituição – O debate jurídico pode ajudar no amadurecimento das forças armadas?. *In*: SUNDFELD, Carlos Ari; JORDÃO, Eduardo; MOREIRA, Egon Bockmann; MARQUES NETO, Floriano de Azevedo; BINENBOJM, Gustavo; MENDONÇA, José Vicente Santos de; CÂMARA, Jacintho Arruda; JUSTEN FILHO, Marçal; PRADO, Mariana Mota; MONTEIRO, Vera. *Publicistas*: direito administrativo sob tensão. Belo Horizonte: Fórum, 2023. v. 2. p. 177-178. ISBN 978-65-5518-591-1.

E SE EU TE DISSER QUE A CONSTITUIÇÃO BRASILEIRA JÁ PREVIU A "EDUCAÇÃO EUGÊNICA"? – AS TRAGÉDIAS CONTEMPORÂNEAS NÃO NASCERAM DO NADA

EGON BOCKMANN MOREIRA

Recentemente, os Publicistas Carlos Ari Sundfeld e Marçal Justen Filho nos brindaram com dois textos pungentes, tratando da necessidade de compreendermos e aplicarmos o direito administrativo brasileiro pautado pelos direitos humanos fundamentais. Agora, eu voltarei um pouco no tempo, a fim de jogar luzes num tema pouco tratado na nossa história constitucional.

Isso porque a maioria dos nossos manuais de direito constitucional enaltece a Constituição de 1934 como aquela que positivou o primeiro título tratando da ordem econômica e social, cujo artigo de abertura, o 115, preceituava que ela "deve ser organizada conforme os princípios da Justiça e as necessidades da vida nacional, de modo que possibilite a todos existência digna". Esse valioso preceito, todavia, tende a ofuscar outro dispositivo do mesmo título, este francamente intolerável.

Apesar de a ordem econômica garantir a existência digna a todos, causa espécie a leitura de partes do art. 138: "Incumbe à União, aos Estados e aos Municípios, nos termos das leis respectivas: [...] b) estimular a educação eugênica; [...] f) adotar medidas legislativas e administrativas tendentes a restringir a moralidade e a morbidade infantis; e de higiene social, que impeçam a propagação das doenças transmissíveis; g) cuidar da higiene mental e incentivar a luta contra os venenos sociais".

Considerações à parte de eventuais interpretações edulcorantes, sabe-se que eugenia significa "bem nascido"; é forma de "higiene social" e "mental", para o "melhoramento da raça". Advoga o predomínio racial branco, a gerar sérios problemas de discriminação de pessoas por categorias (e justificar a exclusão de negros, indígenas, imigrantes asiáticos, homossexuais, pessoas com necessidades especiais – a culminar na "eugenia nazista" e no Holocausto). Mais: o preceito segue com ordens para ser produzida legislação enaltecedora da "moralidade", da "higiene social" e da "higiene mental".

O hoje inacreditável estava escrito na Constituição brasileira, cujo art. 138 pretendia especialmente constitucionalizar a repressão à população negra e indígena brasileira, afastando e dificultando ainda mais o seu relacionamento com pessoas brancas de posses. A "educação eugênica" visava a formar pessoas que excluíssem a integração entre raças, pessoas e classes sociais. Nesse contexto, as higienes social e mental se aproximam da ideologia nazista (Hitler havia se tornado chanceler em 1933 – mesmo ano em que se iniciaram os trabalhos da nossa Assembleia Nacional Constituinte). Algo que nos envergonha profundamente, que gera repugnância, mas que não pode ser esquecido.

Se hoje, com justeza, queixamo-nos do desprezo oficial aos direitos humanos e exigimos que o direito administrativo brasileiro seja aplicado com base na dignidade dos seres vivos, fato é que isso não é inédito no constitucionalismo brasileiro: é sempre preciso estar atento e forte.

Informação bibliográfica deste texto, conforme a NBR 6023:2018 da Associação Brasileira de Normas Técnicas (ABNT):

MOREIRA, Egon Bockmann. E se eu te disser que a Constituição brasileira já previu a "educação eugênica"? – As tragédias contemporâneas não nasceram do nada. *In*: SUNDFELD, Carlos Ari; JORDÃO, Eduardo; MOREIRA, Egon Bockmann; MARQUES NETO, Floriano de Azevedo; BINENBOJM, Gustavo; MENDONÇA, José Vicente Santos de; CÂMARA, Jacintho Arruda; JUSTEN FILHO, Marçal; PRADO, Mariana Mota; MONTEIRO, Vera. *Publicistas*: direito administrativo sob tensão. Belo Horizonte: Fórum, 2023. v. 2. p. 179-180. ISBN 978-65-5518-591-1.

PARTE XIV

DIREITO ADMINISTRATIVO NA DEFESA DA DEMOCRACIA

SEM DEMOCRACIA NÃO HÁ DIREITO PÚBLICO – PUBLICISTAS APOIAM A "CARTA ÀS BRASILEIRAS E AOS BRASILEIROS – ESTADO DEMOCRÁTICO DE DIREITO SEMPRE"

CARLOS ARI SUNDFELD

EDUARDO JORDÃO

EGON BOCKMANN MOREIRA

FLORIANO AZEVEDO MARQUES NETO

GUSTAVO BINENBOJM

JACINTHO ARRUDA CÂMARA

JOSÉ VICENTE SANTOS DE MENDONÇA

MARÇAL JUSTEN FILHO

MARIANA MOTA PRADO

VERA MONTEIRO

O direito público brasileiro evoluiu muito desde a redemocratização. Ficou menos autoritário e mais pragmático. A Administração Pública passou a ser cobrada de verdade pelas consequências de suas ações. As pessoas deixaram de ser tratadas como súditos e se tornaram titulares de direitos fundamentais. Inverteu-se a lógica dos regimes autoritários. Temos prestação de contas, consultas e mecanismos para coibir abusos.

Todas essas conquistas estão agora sob ameaça.

Presidentes da república são investidos por prazo certo e segundo processo eleitoral predefinido em leis. Seu dever é respeitar o direito, limitando-se a suas competências e obedecendo às decisões do Judiciário. Ninguém pode se atribuir poderes absolutos. No Estado de direito, não há soberanos.

O atual presidente age pelo retrocesso, atuando contra os alicerces do Estado democrático de direito. Anuncia a intenção de desconsiderar o resultado das eleições, acena com aparatos armados, desacata autoridades judiciárias e vocifera contra suas decisões. Incentiva a violência. Pretende matar a tiros o regime democrático.

Qualquer ameaça à democracia tem de ser levada a sério. Sem ela não há direito público, não há controle da administração. É dever de todas as pessoas – e, no mundo jurídico, de estudantes, acadêmicos, advogados públicos e privados, promotores, gestores e juízes – reagir contra a anunciada quebra institucional.

Se o chefe do Executivo não acredita no processo legal eleitoral, não terá razão para respeitar qualquer processo administrativo. Se tenta aniquilar opositores, investirá contra direitos fundamentais. Se não obedece a ordens judiciais, passará por cima de qualquer controle. Se afronta os demais poderes, não sabe conviver com limites. Agir contra a democracia e a legalidade é quebrar a construção incremental do direito administrativo.

O direito administrativo é importante na contenção da escalada antidemocrática, assegurando, concretamente, o cumprimento das leis e do direito. Nos Estados Unidos, a resistência de agentes administrativos ajudou a conter o levante instigado pelo candidato derrotado nas eleições. Agentes de segurança, advogados públicos e até o vice-presidente, que reconheceu a vitória do oponente, fizeram as normas do direito público prevalecerem sobre a aventura autoritária.

No Brasil, é hora de os profissionais do direito público se unirem para fazer o mesmo. Clamar por respeito à Constituição também significa clamar por respeito ao direito administrativo. Tal clamor deve mover as instituições e as pessoas na defesa do Estado democrático de direito.

Por isso, apoiamos com convicção a "Carta às Brasileiras e aos Brasileiros – Estado Democrático de Direito Sempre". Conclamamos leitores e leitoras a assiná-la. No dia 11.8.2022, data simbólica, vinculem-se, como puderem, aos atos públicos que serão realizados na Faculdade de Direito da Universidade de São Paulo. Estado de direito sempre!

Informação bibliográfica deste texto, conforme a NBR 6023:2018 da Associação Brasileira de Normas Técnicas (ABNT):

SUNDFELD, Carlos Ari; JORDÃO, Eduardo; MOREIRA, Egon Bockmann; MARQUES NETO, Floriano de Azevedo; BINENBOJM, Gustavo; MENDONÇA, José Vicente Santos de; CÂMARA, Jacintho Arruda; JUSTEN FILHO, Marçal; PRADO, Mariana Mota; MONTEIRO, Vera. Sem democracia não há direito público – Publicistas apoiam a "Carta às Brasileiras e aos Brasileiros – Estado Democrático de Direito Sempre". *In*: SUNDFELD, Carlos Ari; JORDÃO, Eduardo; MOREIRA, Egon Bockmann; MARQUES NETO, Floriano de Azevedo; BINENBOJM, Gustavo; MENDONÇA, José Vicente Santos de; CÂMARA, Jacintho Arruda; JUSTEN FILHO, Marçal; PRADO, Mariana Mota; MONTEIRO, Vera. *Publicistas*: direito administrativo sob tensão. Belo Horizonte: Fórum, 2023. v. 2. p. 184-185. ISBN 978-65-5518-591-1.

A DEMOCRACIA É A ÚNICA SAÍDA – SÓ SE CONSTRÓI UMA SOCIEDADE DEMOCRÁTICA PRATICANDO A DEMOCRACIA

MARÇAL JUSTEN FILHO

A construção de uma sociedade democrática é o grande desafio nacional. A limitada experiência democrática brasileira produziu padrões autoritários de conduta, que permeiam a vida política e não política. Não é absurdo aludir a um autoritarismo estrutural, que se manifesta em todos os extratos da sociedade. E envolve não apenas o processo eleitoral, mas a conduta privada e a atuação dos próprios agentes públicos. A democracia exige o reconhecimento da subjetividade alheia, o respeito à dignidade dos demais e a renúncia à prepotência dos interesses pessoais. Não é fácil ser democrático.

Pleitear intervenção militar é um erro grave. Porque democracia não se produz mediante golpe militar. Porque a maior parte das pessoas não sabe (ou talvez tenha esquecido) o que é viver em uma ditadura. Porque sabemos como se inicia o golpe, mas nunca podemos prever como termina. E por muitas outras razões... Não encontro *qualquer* justificativa satisfatória para defender a intervenção dos militares. É o peso do passado que nos assombra: a história do Brasil contempla tantos exemplos de ruptura da ordem estabelecida! É necessário resistir à tentação de virar a mesa quando o resultado das eleições desagradar a uma parcela relevante da população.

A intervenção militar não é solução, independentemente de qualquer avaliação sobre Bolsonaro ou sobre Lula ou de pretensos defeitos envolvendo o processo eleitoral. Não existe *nenhum* fundamento constitucional que justifique o rompimento da ordem democrática.

Os insatisfeitos têm a alternativa de organizar-se politicamente, concentrar os seus esforços e recursos para a atuação na arena política institucional, segundo os mecanismos próprios dos processos democráticos. Ninguém está proibido de discordar, de protestar ou de apontar defeitos. Mas não é admissível defender a ruptura democrática, muito menos por meio da intervenção militar.

As implicações da democracia se desdobram na totalidade da vida social.

Até por isso, é imperioso que também o STF e o TSE adotem a mais rigorosa observância dos postulados democráticos, que norteiam um Estado de direito. Quaisquer que tenham sido as justificativas para as medidas excepcionais promovidas no âmbito desses Tribunais, nada mais as justifica. Não cabe nem ao STF nem ao TSE afastarem o devido processo legal, inclusive no tocante às soluções para condutas qualificadas como ilícitas. Incumbe ao Ministério Público a função acusatória. Cabe à Justiça de primeiro grau processar os acusados de ilícitos penais, quando não for o caso de foro privilegiado. É necessário encerrar inquéritos permanentes. Nem o TSE nem o STF foram investidos de um poder de curatela sobre a sociedade brasileira.

Não se produz democracia mediante práticas antidemocráticas. Isso vale para os revoltados com o resultado das eleições. Também vale para todos nós, para os magistrados (inclusive dos altos tribunais), para o Ministério Público e para a Advocacia.

Informação bibliográfica deste texto, conforme a NBR 6023:2018 da Associação Brasileira de Normas Técnicas (ABNT):

JUSTEN FILHO, Marçal. A democracia é a única saída – Só se constrói uma sociedade democrática praticando a democracia. *In*: SUNDFELD, Carlos Ari; JORDÃO, Eduardo; MOREIRA, Egon Bockmann; MARQUES NETO, Floriano de Azevedo; BINENBOJM, Gustavo; MENDONÇA, José Vicente Santos de; CÂMARA, Jacintho Arruda; JUSTEN FILHO, Marçal; PRADO, Mariana Mota; MONTEIRO, Vera. *Publicistas*: direito administrativo sob tensão. Belo Horizonte: Fórum, 2023. v. 2. p. 187-188. ISBN 978-65-5518-591-1.

RETROCESSO DEMOCRÁTICO E DIREITO ADMINISTRATIVO – PESQUISAS MOSTRAM LIMITES E POSSIBILIDADES DE COMBATE JURÍDICO AO RETROCESSO

MARIANA MOTA PRADO

Assim como o Brasil, vários países enfrentam um retrocesso democrático. Diferentemente dos golpes de Estado que promoviam rupturas democráticas de forma abrupta, esse retrocesso tem se caracterizado pelo desmonte progressivo e incremental dos pilares do Estado de direito e do sistema democrático. Líderes com tendências autoritárias estão usando uma retórica de respeito formal às leis e aos direitos, para violar seu espírito. Parte desse processo de desmonte ocorre dentro da Administração Pública. Com o uso de instrumentos como decretos, regulamentos e nomeações a cargos comissionados, esses líderes buscam concentrar poder no Executivo e eliminar mecanismos de controle da Administração Pública.

Esse processo levanta uma questão importante: a Administração Pública e o direito administrativo poderiam conter de alguma forma o avanço de forças iliberais e antidemocráticas?

Cientistas políticos afirmam que há evidência de resistência dentro da Administração Pública em alguns países, mas de apoio em outros. No próprio caso brasileiro, as evidências são ambíguas. Por um lado, João Victor Guedes Neto e B. Guy Peters conduziram um experimento em que pediram para funcionários públicos no nível municipal indicarem como reagiriam a situações hipotéticas em que o governo tentasse implementar políticas nocivas à democracia, como cerceamento de direitos. Os resultados iniciais são animadores: a vasta maioria tenderia a resistir ou sabotar a implementação de tais políticas.

Na vida real, no entanto, a história parece ser mais complicada. Gabriela Lotta e Mariana Silveira fizeram um levantamento de estratégias de coerção usadas pelo Governo Bolsonaro contra servidores públicos no nível federal, com entrevistas e questionários. As respostas indicam que há algumas tentativas de oposição, por formas distintas: boicote, resistência, sobrevivência (fazer o mínimo necessário para não ser demitido) ou abandono (o que inclui pedidos de licença e exoneração). O problema é que raramente as tentativas de coerção ocorrem apenas uma vez. Assim, ainda que alguns funcionários públicos tentem resistir, quanto mais tempo o governo estiver no poder, mais elaboradas e bem-sucedidas se tornarão as formas de coerção, enfraquecendo progressivamente o poder de resistência inicial.

Esse fenômeno chama atenção para a relação intrínseca entre direito administrativo e Estado democrático de direito. Por exemplo, regimes de contratação de servidores podem determinar, em grande parte, o volume, a intensidade e mesmo a forma de resistências a potenciais tentativas de acúmulo de poder. É premente, portanto, que administrativistas reconheçam seu papel no combate ao retrocesso democrático, e que reflitam sobre as maneiras de prevenir sua continuidade no Brasil.

Informação bibliográfica deste texto, conforme a NBR 6023:2018 da Associação Brasileira de Normas Técnicas (ABNT):

PRADO, Mariana Mota. Retrocesso democrático e direito administrativo – Pesquisas mostram limites e possibilidades de combate jurídico ao retrocesso. *In*: SUNDFELD, Carlos Ari; JORDÃO, Eduardo; MOREIRA, Egon Bockmann; MARQUES NETO, Floriano de Azevedo; BINENBOJM, Gustavo; MENDONÇA, José Vicente Santos de; CÂMARA, Jacintho Arruda; JUSTEN FILHO, Marçal; PRADO, Mariana Mota; MONTEIRO, Vera. *Publicistas*: direito administrativo sob tensão. Belo Horizonte: Fórum, 2023. v. 2. p. 189-190. ISBN 978-65-5518-591-1.

INSTITUIÇÕES NÃO NASCEM POR ACASO, PESSOAS IMPORTAM – EM HOMENAGEM AO DEMOCRATA ANTÔNIO ANGARITA

CARLOS ARI SUNDFELD

Em artigo anterior desta coluna, evoquei o ambiente dos anos 1990, em que muito se evoluiu em nosso campo, com iniciativas que ditam até hoje os rumos do direito administrativo. Ao contar a luta para enviar ao Legislativo o que viria a ser a primeira lei moderna de processo administrativo no Brasil (Lei paulista nº 10.177, de 1998), anterior à própria lei federal (nº 9.784, de 1999), fiz justiça não só ao governador da época, como a seu secretário de governo.

Seu nome era Antonio Angarita. Volto aqui a ele.

Angarita havia sido um dos professores fundadores, em 1954, e depois diretor, da Escola de Administração da FGV SP – que, com seu curso de Administração Pública, hoje influi na modernização do Estado. Depois, veio a ditadura militar e acadêmicos de diferentes áreas foram expulsos de suas universidades. Angarita teve papel ativo ao mobilizar o apoio de setores políticos e empresariais para criar, em 1969, o Centro de Análise e Planejamento – Cebrap, até hoje espaço fundamental de produção de conhecimento crítico e independente.

Era um democrata lúcido, sincero e corajoso. Em artigo de 1969, confrontou a ditadura com o argumento de que "a autoridade será tanto mais permanente quanto mais for consentida, mediante um processo de comunicação mais intenso e criador com o povo" e "quanto melhor puder cumprir as tarefas e os mandatos previamente estipulados, no modelo de causação circular".

Em entrevista de julho de 1995, logo no início do governo Mário Covas em São Paulo, Angarita indicou a "reforma institucional" como a primeira das prioridades a perseguir na secretaria, onde ficaria até 2002. Acreditou e trabalhou pelas instituições. A lei de processo administrativo, aprovada com seu apoio, é uma das provas. O Poupatempo é outra.

A partir de 2001, ele se engajaria em outra criação: da Escola de Direito da FGV SP. Lembro bem da primeira vez em que nós, os futuros professores fundadores, nos sentamos para sonhar juntos. Falamos coisas truncadas sobre o Brasil e as faculdades de Direito, Angarita ali, medindo-nos a distância com seus olhos de mongol, costurando de vez em quando umas poucas frases longas, tão suas, de colorido doce. Ao final, levantamos da mesa dispostos a coisas incríveis.

Dali em diante, por anos seguidos, estivemos juntos nas muitas mesas, mais soltas ou muito circunspectas, em que nossa instituição foi sendo pensada, testada, expandida e reformada. Angarita sempre o centro invisível das reuniões. Nos seminários anuais de planejamento coube sempre a ele as palavras finais, poucas – ditas com sorriso maroto, surpresa e graça. E depois nos surpreendíamos ao perceber que, mais uma vez, havíamos sido provocados à ação por nosso suave sedutor à mesa.

Nesses anos, nenhum de nós pôde ou quis fugir de seu charme pessoal. Como resistir a alguém que não ocupa espaço, não faz barulho, não manda nada, e mesmo assim inspira, une e faz agir?

Agora Angarita e seu espírito público nos deixaram. Mas ficaram suas instituições, que têm tudo para honrar o seu legado.

Informação bibliográfica deste texto, conforme a NBR 6023:2018 da Associação Brasileira de Normas Técnicas (ABNT):

SUNDFELD, Carlos Ari. Instituições não nascem por acaso, pessoas importam – Em homenagem ao democrata Antônio Angarita. *In*: SUNDFELD, Carlos Ari; JORDÃO, Eduardo; MOREIRA, Egon Bockmann; MARQUES NETO, Floriano de Azevedo; BINENBOJM, Gustavo; MENDONÇA, José Vicente Santos de; CÂMARA, Jacintho Arruda; JUSTEN FILHO, Marçal; PRADO, Mariana Mota; MONTEIRO, Vera. *Publicistas*: direito administrativo sob tensão. Belo Horizonte: Fórum, 2023. v. 2. p. 191-192. ISBN 978-65-5518-591-1.

PARTE XV

OS ESQUECIDOS DO DIREITO PÚBLICO

O DIREITO ADMINISTRATIVO TEM UM ENCONTRO MARCADO COM OS DIREITOS FUNDAMENTAIS – A SUPREMACIA DOS DIREITOS FUNDAMENTAIS NÃO É UMA QUESTÃO DE CONVENIÊNCIA

MARÇAL JUSTEN FILHO

A Constituição de 1988 reconheceu a intangibilidade da dignidade humana, a centralidade dos direitos fundamentais e a intransigente afirmação da democracia.

No entanto, os eventos da vida real contradizem, com frequência, a ordem constitucional.

Pode ser inevitável a infração da ordem jurídica pelos seres humanos, mas é inaceitável que o Estado desconsidere a Constituição. A realização dos direitos fundamentais depende da atuação do Estado e, em especial, da Administração Pública.

E a Administração Pública permanece pouco permeável às concepções constitucionais. Mantém as práticas difundidas durante as décadas anteriores a 1988.

Não há novidade em apontar a resistência do direito administrativo brasileiro à supremacia da Constituição. Essa circunstância é referida há mais de vinte anos. Com poucas mudanças até agora.

Ocorre o contrabando de valores e enfoques jurídicos ultrapassados. Proscrito explícita ou implicitamente pela Constituição de 1988, esse arsenal de medidas autoritárias é consagrado pela Administração. O agente público desconsidera a Constituição e se submete às concepções anteriores – disfarçadas ou não por terminologia atualizada e invocando a doutrina produzida pela ditadura.

A Administração Pública brasileira não hesita em sacrificar os direitos fundamentais protegidos constitucionalmente para promover o "interesse público". Prevalece a concepção imperial dos "poderes da

Administração". Contraditório, ampla defesa e julgamento imparcial submetem-se ao arbítrio do agente público. É comum a autoridade brasileira ignorar as necessidades de populações vulneráveis, decidir sem respeitar o conhecimento científico, descumprir os contratos. Sobrevive a figura da "desapropriação indireta", prática próxima à criminalidade.

O Estado brasileiro, por um lado, afirma retoricamente a supremacia da Constituição. Por outro, pratica reiteradamente a violação aos direitos fundamentais, que apenas são prestigiados quando conveniente e oportuno. A Administração Pública atua tal como se o enfoque tradicional da discricionariedade administrativa preponderasse sobre a tutela constitucional aos direitos fundamentais.

No Brasil, não ocorreu a constitucionalização do direito administrativo, mas a neutralização da Constituição por meio dos mecanismos do direito administrativo.

O problema não é jurídico, mas político (num sentido muito amplo). Reside na concepção de que o Estado prepondera sobre o particular e que as conveniências do governante se sobrepõem à ordem jurídica.

Promulgar uma Constituição democrática não basta para transformar o Brasil em uma democracia. É necessário personalizar o direito administrativo, reconhecendo a pessoa humana como fundamento e finalidade da atividade administrativa.

A batalha de todos nós é pela afirmação da democracia. E o desafio permanente dos administrativistas é produzir um direito administrativo desvinculado do arsenal jurídico autoritário. Sem isso, o Brasil não muda.

Informação bibliográfica deste texto, conforme a NBR 6023:2018 da Associação Brasileira de Normas Técnicas (ABNT):

JUSTEN FILHO, Marçal. O direito administrativo tem um encontro marcado com os direitos fundamentais – A supremacia dos direitos fundamentais não é uma questão de conveniência. *In*: SUNDFELD, Carlos Ari; JORDÃO, Eduardo; MOREIRA, Egon Bockmann; MARQUES NETO, Floriano de Azevedo; BINENBOJM, Gustavo; MENDONÇA, José Vicente Santos de; CÂMARA, Jacintho Arruda; JUSTEN FILHO, Marçal; PRADO, Mariana Mota; MONTEIRO, Vera. *Publicistas*: direito administrativo sob tensão. Belo Horizonte: Fórum, 2023. v. 2. p. 195-196. ISBN 978-65-5518-591-1.

A FOME COMO POLÍTICA: O DIREITO ADMINISTRATIVO NÃO FUNCIONOU – TEMOS DE OUVIR OS SOBREVIVENTES DO HOLOCAUSTO E DO MASSACRE INDÍGENA

CARLOS ARI SUNDFELD

Quando, ao fim da 2ª Guerra, a verdade sobre o holocausto nazista apareceu em imagens para o mundo, quem ainda mantinha sua humanidade foi tomado de horror e senso de urgência.

Agora, em 2023, imagens da subnutrição extrema do povo yanomami à morte nos contam a verdade da Amazônia dos últimos anos. Como vamos usar nosso senso de urgência?

Uma pequena mostra, recém-inaugurada, do acervo do Museu Judaico de São Paulo, ajuda-nos a direcioná-lo. Seu título diz tudo: "A Fome como Política". Gravuras inéditas e de impressionante qualidade artística, do campo de concentração alemão de Buchenwald, mostram que o uso da fome extrema é instrumento de ação de Estados autoritários.

Juristas europeus, depois de indagar como o direito não impedira aqueles crimes, puseram-se a trabalhar em um novo direito público. Nós, administrativistas brasileiros, que no passado colaboramos para tanta evolução em nossa área, vamos sair do nosso quadrado e fazer o mesmo?

O mandato presidencial de 2019 a 2022 se dedicou a destruir pessoas e instituições, em áreas como povos originários, segurança, justiça, cultura, educação e relações externas. Agora, ainda tentamos acordar do pesadelo e um balanço jurídico pode nos dar algum otimismo.

Primeiro, a destruição não foi mais longe no Brasil porque, em parte, foi contida por construções constitucionais vindas de 1988, como as autonomias do Judiciário, do Legislativo e dos estados da Federação.

Nosso direito constitucional, cheio de defeitos, mostrou que tem o seu valor.

Segundo, algumas entidades da Administração federal, mesmo atacadas e aos trancos, seguiram suas missões: reguladores independentes como Anvisa e Banco Central, universidades federais, empresas estatais como a Petrobras. Regras legais de organização, construídas em décadas de trabalho jurídico, ajudaram a protegê-las. Temos de valorizar e defender esse legado de nosso direito administrativo.

Mas também temos de sentir horror e vergonha por nosso direito administrativo. Ele não foi capaz de nada para impedir que controles orçamentários parassem de funcionar, forças armadas e polícias militares fossem usadas contra a democracia no Brasil, a Amazônia ficasse entregue à criminalidade e o povo yanomami morresse de fome. Por que o direito administrativo não funcionou?

Depois de respondermos a essa pergunta, parece clara a pauta institucional em que nós, administrativistas brasileiros, vamos ter de colaborar: finanças públicas, defesa nacional, segurança pública e, sobretudo, e ainda mais urgente, direitos humanos.

Talvez tenhamos jogado energia demais em outras pautas e certamente falhamos na empatia com a cultura, a realidade, os problemas e o sofrimento dos outros, como os povos originários do Brasil.

Quanto a isso, sobreviventes podem nos ensinar. Dou a palavra a Naiá Tupinambá, sobrevivente indígena, e a Ruth Sprung Tarasantchi, que viveu o holocausto e, aos 89 anos, é coordenadora de artes no Museu Judaico de São Paulo. Juntas, elas mostram o caminho.

Informação bibliográfica deste texto, conforme a NBR 6023:2018 da Associação Brasileira de Normas Técnicas (ABNT):

SUNDFELD, Carlos Ari. A fome como política: o direito administrativo não funcionou – Temos de ouvir os sobreviventes do holocausto e do massacre indígena. *In*: SUNDFELD, Carlos Ari; JORDÃO, Eduardo; MOREIRA, Egon Bockmann; MARQUES NETO, Floriano de Azevedo; BINENBOJM, Gustavo; MENDONÇA, José Vicente Santos de; CÂMARA, Jacintho Arruda; JUSTEN FILHO, Marçal; PRADO, Mariana Mota; MONTEIRO, Vera. *Publicistas*: direito administrativo sob tensão. Belo Horizonte: Fórum, 2023. v. 2. p. 197-198. ISBN 978-65-5518-591-1.

CONSULTA AOS POVOS INDÍGENAS – UMA DIMENSÃO DO DIREITO ADMINISTRATIVO BRASILEIRO QUE PRECISA SER MAIS EXPLORADA

MARIANA MOTA PRADO

No meu curso de direito administrativo canadense na Universidade de Toronto, 2 das 12 semanas de aula são destinadas ao processo de consulta aos povos indígenas. Conhecido como *Duty to Consult and Accommodate*, esse dever constitucional do Estado obriga os agentes públicos a consultar os povos indígenas e as comunidades tradicionais afetadas por decisões administrativas. Se a consulta não ocorrer, ou ocorrer de maneira indevida, a decisão administrativa pode ser anulada, como ocorreu em 2018 com a autorização para construção do gasoduto *TransMountain*.

O Brasil tem feito números avanços em reconhecer protocolos de consulta aos povos tradicionais e indígenas, processo que frequentemente envolve o Ministério Público e requer diálogo direto com as comunidades afetadas. Falhas quanto ao processo de consulta no Brasil têm o potencial de invalidar toda e qualquer decisão legislativa ou administrativa que afete os interesses dessas comunidades. Por exemplo, no caso da Belo Sun, que envolve uma mineradora canadense, o Judiciário ordenou que houvesse consulta prévia adequada aos povos indígenas; outras ações envolvendo construção de portos, linhas de transmissão de energia elétrica, rodovias, ferrovias e exploração de petróleo e gás xisto vão na mesma linha. Além do setor de infraestrutura, há demanda por consultas no contexto de políticas de preservação ambiental e de educação. Portanto, compreender as exigências desse processo e como desenhá-lo de maneira adequada deveria ser uma preocupação central de todos os interessados em direito público.

Não é apenas o potencial impacto sobre decisões administrativas que justifica a atenção de administrativistas: como processo administrativo, a consulta aos povos indígenas tem natureza única. Como nos ensina Egon Bockmann Moreira, o processo administrativo passou por diversas mudanças ao longo da história; hoje, além de ser um direito fundamental do cidadão, ele tem ao menos três espécies: 1) defesa de direitos subjetivos (*e.g.*, ações de expropriação), 2) reconhecimento de direitos ou interesses (*e.g.*, seguridade social), e 3) colaboração na elaboração de normas (*e.g.*, consultas públicas nos processos administrativos de interesse geral). A consulta aos povos indígenas e comunidades tradicionais parece incluir um pouco de cada uma dessas três espécies, dado que evita violações aos direitos de posse e propriedade; visa garantir a preservação do modo de vida e cultura desses povos e comunidades; e busca o desenvolvimento sustentável desses povos e da nação como um todo.

Mais do que isso: ao reconhecer os protocolos desenvolvidos pelas próprias comunidades indígenas, valida-se a ideia de que a consulta não é apenas um processo de reconhecimento dos direitos unilateralmente concedidos pelo Estado aos seus cidadãos. Esse reconhecimento das instituições indígenas traz uma dose saudável de pluralismo jurídico ao direito administrativo brasileiro, que merecia ser mais explorada.

Informação bibliográfica deste texto, conforme a NBR 6023:2018 da Associação Brasileira de Normas Técnicas (ABNT):

PRADO, Mariana Mota. Consulta aos povos indígenas – Uma dimensão do direito administrativo brasileiro que precisa ser mais explorada. *In*: SUNDFELD, Carlos Ari; JORDÃO, Eduardo; MOREIRA, Egon Bockmann; MARQUES NETO, Floriano de Azevedo; BINENBOJM, Gustavo; MENDONÇA, José Vicente Santos de; CÂMARA, Jacintho Arruda; JUSTEN FILHO, Marçal; PRADO, Mariana Mota; MONTEIRO, Vera. *Publicistas*: direito administrativo sob tensão. Belo Horizonte: Fórum, 2023. v. 2. p. 199-200. ISBN 978-65-5518-591-1.

LIBERDADE DE EXPRESSÃO E A ARMADILHA IDENTITÁRIA – QUANDO, ALÉM DE ERRADO, SEU INTERLOCUTOR REPRESENTA O MAL, NÃO HÁ DEBATE POSSÍVEL; APENAS TRIUNFO E SILÊNCIO

GUSTAVO BINENBOJM

Antonio Risério é um antropólogo baiano de pele clara e ideias exóticas. Não que elas sejam propriamente inéditas ou contenham alguma extravagância original. Nada disso. O que garantiu notoriedade a Risério foi o apetite para a polêmica e o destemor em enfrentar o *mainstream* da cultura identitária. Seus livros contam episódios curiosos como o de pessoas que foram escravizadas e se tornaram, no fim da vida, senhores de escravos. Ultimamente, seus artigos publicados na *Folha de S.Paulo* causaram forte reação ao defenderem a ideia de que existiria algo como o racismo de negros contra brancos.

Tenho lido o que Risério escreve. Considero-o equivocado em boa parte de suas teses. Acho difícil equiparar a reação de pessoas historicamente oprimidas e subordinadas em relações de poder estabelecidas por longo tempo ao próprio fenômeno do racismo. Sem poder real para discriminar e excluir com base na narrativa racial, talvez o que tenhamos seja apenas legítima defesa. Também considero implausível negar o caráter amplo e disseminado das ideias racistas como fator que define um aspecto importante da nossa identidade nacional. Estamos longe de ser uma sociedade de mestiços com liberdades iguais, sem qualquer relevância da cor da pele na definição das diferenças.

Por outro lado, reconheço que Risério odeia o racismo e tem o direito de ser antirracista a seu modo. De parte o valor intrínseco a emitir a própria voz como um direito individual, há também a utilidade coletiva em contribuir para um debate público mais informado e esclarecido. Yuval Noah Harari sustenta que o movimento feminista é um exemplo de como um grupo historicamente subordinado e violentado conseguiu virar o jogo, por assim dizer, em algumas décadas de luta, sem ter recorrido ao discurso do ódio ou à violência. Há diferentes formas de pensar na igualdade de gêneros e nos diferentes caminhos para perseguir. De igual modo, o debate sobre como promover a igualdade de oportunidades entre pessoas de diferentes etnias não é monopólio de nenhum grupo, nem pode estar sujeito à lógica monolítica do lugar de fala. As ideias valem por si mesmas, inclusive quando formuladas por quem odiamos.

A *Folha* serve à democracia ao fomentar esse debate pluralista entre pessoas que pensam diferente, e não deve aderir à censura prévia que resultaria do cancelamento de autores malditos. A quem considere as ideias de Risério ofensivas, além de erradas, o caminho adequado me parece ser o de o desmoralizar com argumentos, e não com adjetivos que pretendam o desqualificar. A mera advocacia de ideias contra o identitarismo pode até ser acusada de favorecer o racismo estrutural e não alcançar a raiz do problema. É inadmissível, no entanto, pretender a sua exclusão *a priori* do debate, acusando-a da prática de racismo. O boicote sugerido pelos jornalistas da *Folha* contra Risério soa mais como tentativa de censura. Quando, além de errado, seu interlocutor representa o mal, não há debate possível; apenas triunfo e silêncio.

Informação bibliográfica deste texto, conforme a NBR 6023:2018 da Associação Brasileira de Normas Técnicas (ABNT):

BINENBOJM, Gustavo. Liberdade de expressão e a armadilha identitária – Quando, além de errado, seu interlocutor representa o mal, não há debate possível; apenas triunfo e silêncio. *In*: SUNDFELD, Carlos Ari; JORDÃO, Eduardo; MOREIRA, Egon Bockmann; MARQUES NETO, Floriano de Azevedo; BINENBOJM, Gustavo; MENDONÇA, José Vicente Santos de; CÂMARA, Jacintho Arruda; JUSTEN FILHO, Marçal; PRADO, Mariana Mota; MONTEIRO, Vera. *Publicistas*: direito administrativo sob tensão. Belo Horizonte: Fórum, 2023. v. 2. p. 201-202. ISBN 978-65-5518-591-1.

PARTE XVI

RESPONSABILIDADE EM ILÍCITOS POLÍTICO-ADMINISTRATIVOS

O PRESIDENTE DA REPÚBLICA TEM "DIREITO À IGNORÂNCIA"? – "CRENÇA SINCERA" EM IDEIAS SEM FUNDAMENTO NÃO ISENTA AGENTES PÚBLICOS DE RESPONSABILIDADE

EDUARDO JORDÃO

Chamou a atenção a tese da Procuradoria-Geral da República para isentar Jair Bolsonaro do crime de charlatanismo pela promoção da cloroquina para tratar Covid: o presidente "acreditava sinceramente" na eficácia do remédio e, assim, "pode(ria) até ser tido como inculto, mas não charlatão".

Apresentada para evitar a aplicação do direito penal, a tese suscita reflexões também no âmbito do direito administrativo. Qual o papel dessa suposta sinceridade do agente público na disciplina jurídica da sua atuação? Poderá Bolsonaro, por exemplo, responder pelo gasto de dinheiro público com a aquisição desse medicamento ineficaz?

Ao menos para fins de responsabilidade administrativa, a mera "crença sincera" do presidente não é suficiente para isentá-lo de responsabilidade.

Como se sabe, a crença sincera em fatos sem fundamento, a que a PGR referiu elegantemente como "incultura", é popularmente conhecida como ignorância.

É verdade que hoje se reconhece a existência de um "direito ao erro" do agente público, como forma de lhe conferir segurança jurídica para agir em contextos complexos. Mas o erro juridicamente escusável pressupõe (e é resultado de) procedimentos decisórios racionais que se revelam inconclusivos. Não se trata de posição de princípio nem de proteção a desleixo cognitivo: o "direito ao erro" não corresponde a um direito à ignorância.

Dito de outro modo, se o direito administrativo não chega ao ponto de exigir que o agente público não erre, ele certamente requer que o agente público se esforce para buscar informações adequadas para pautar as suas ações.

E essa exigência é particularmente relevante num contexto de alarmante desinformação, com a profusão de notícias e dados falsos. O presidente – como outros agentes públicos – não precisa dominar todos os assuntos, nem estar atualizado com as mais recentes e sofisticadas teses científicas. Mas precisa esforçar-se para estar bem munido de informações, baseando suas ações em dados fidedignos e evitando guiar-se por boatos e rumores que circulam na internet.

Eis aqui um problema para Bolsonaro: os meios tradicionais de aferição do que conta como fidedigno e que, portanto, pode legitimamente servir de fundamento a uma atuação governamental são aqueles certificados pelos cientistas, pelas universidades e pela imprensa profissional – instituições pelas quais ele não tem demonstrado grande apreço.

No caso da cloroquina, a boa informação esteve (e está) facilmente acessível ao presidente, inclusive por meio dos seus dois primeiros ministros da saúde, assessores técnicos que, justamente por isso, ele optou por substituir.

Na sequência da divulgação da tese da PGR, Bolsonaro seguiu defendendo a cloroquina. Dias depois, afirmou que não há fome no Brasil.

O fato é que o presidente até pode seguir se referindo a universos paralelos e a teorias da conspiração para animar os seus apoiadores, mas quando for o momento de ver julgadas as suas ações, terá um encontro marcado com o direito administrativo e com a realidade.

Informação bibliográfica deste texto, conforme a NBR 6023:2018 da Associação Brasileira de Normas Técnicas (ABNT):

JORDÃO, Eduardo. O presidente da República tem "direito à ignorância"? – "Crença sincera" em ideias sem fundamento não isenta agentes públicos de responsabilidade. *In*: SUNDFELD, Carlos Ari; JORDÃO, Eduardo; MOREIRA, Egon Bockmann; MARQUES NETO, Floriano de Azevedo; BINENBOJM, Gustavo; MENDONÇA, José Vicente Santos de; CÂMARA, Jacintho Arruda; JUSTEN FILHO, Marçal; PRADO, Mariana Mota; MONTEIRO, Vera. *Publicistas*: direito administrativo sob tensão. Belo Horizonte: Fórum, 2023. v. 2. p. 205-206. ISBN 978-65-5518-591-1.

QUAL A UTILIDADE JURÍDICA DAS NARRATIVAS BOLSONARISTAS? – REALIDADE PARALELA É ABANDONADA EM JUÍZO, MAS TEM UTILIDADE INDIRETA

EDUARDO JORDÃO

Jair Bolsonaro investiu por anos na criação de uma realidade paralela: um conjunto de teorias não demonstráveis que difundiu para animar seus seguidores, como a ameaça comunista, a pouca gravidade da pandemia, a eficácia da cloroquina, a não confiabilidade das urnas eletrônicas etc.

Esse investimento rendeu ao ex-presidente inegáveis resultados eleitorais. Mas, e quanto aos resultados jurídicos? Essas narrativas têm também alguma utilidade jurídica?

Sob uma perspectiva *direta*, a utilidade jurídica dessas narrativas parece ser pouca. Aliás, frequentemente foi preciso ao bolsonarismo *se afastar* delas para evitar responsabilização. Recorrem ao "não é bem assim", ao "foi um mal-entendido".

Há fartos exemplos: (i) para evitar a prossecução penal do ex-presidente por charlatanismo, a PGR deixou de lado a tese da eficácia da cloroquina e sugeriu que Bolsonaro insistia nela apenas por ignorância, não por má-fé; (ii) na CPI da pandemia, o Min. Marcelo Queiroga afirmou que as manifestações contrárias do ex-presidente à Coronavac não deveriam ser levadas a sério, pois seriam apenas "posições de internet"; (iii) na carta escrita com o apoio de Michel Temer, o próprio Bolsonaro desdisse tudo que vinha vociferando contra o STF e seus ministros; (iv) outras vezes, instado pelas autoridades, admitiu não ter provas das bobagens que difundia sobre as urnas eletrônicas.

É como se Bolsonaro tivesse um discurso para a sua claque e outro para o mundo dos adultos. Sabedor de que suas teorias não se sustentam num ambiente em que se exigem provas, ele costuma deixá-las de lado em conversas mais sérias.

Essa primeira perspectiva, portanto, sugere que a realidade paralela criada por Bolsonaro não o ajuda juridicamente.

Sob outro ângulo, contudo, é preciso admitir que as narrativas bolsonaristas possuem ao menos utilidade jurídica *indireta*.

É que a existência de um contingente considerável de pessoas que acredita piamente nelas é hoje a circunstância mais significativa a evitar (ou retardar) a responsabilização de Bolsonaro. Dito de outro modo: o fato que mais o ajuda hoje juridicamente é o sucesso da difusão de suas narrativas mentirosas.

Veja-se que o desafio real da responsabilização de Bolsonaro não é o de identificar crimes e comprová-los. Não faltam crimes, de diferentes tipos, nem faltam provas, de diferentes tipos. O desafio real no caso é como responsabilizar alguém que criou em torno de si uma verdadeira seita de crentes, disposta até a reações violentas, caso contrariada.

A circunstância desloca o centro de debates para questões supostamente heterodoxas na aplicação do direito, de natureza quase estratégica, como qual seria o momento ideal para responsabilizá-lo e por qual crime convém que ele seja responsabilizado primeiro, para evitar ou diminuir a resistência de seus seguidores.

A realidade que não ousa dizer seu nome em juízo, quem diria, é, indiretamente, o fio que ainda afasta Jair de seu inevitável destino atrás das grades.

Informação bibliográfica deste texto, conforme a NBR 6023:2018 da Associação Brasileira de Normas Técnicas (ABNT):

JORDÃO, Eduardo. Qual a utilidade jurídica das narrativas bolsonaristas? – Realidade paralela é abandonada em juízo, mas tem utilidade indireta. *In*: SUNDFELD, Carlos Ari; JORDÃO, Eduardo; MOREIRA, Egon Bockmann; MARQUES NETO, Floriano de Azevedo; BINENBOJM, Gustavo; MENDONÇA, José Vicente Santos de; CÂMARA, Jacintho Arruda; JUSTEN FILHO, Marçal; PRADO, Mariana Mota; MONTEIRO, Vera. *Publicistas*: direito administrativo sob tensão. Belo Horizonte: Fórum, 2023. v. 2. p. 207-208. ISBN 978-65-5518-591-1.

QUAL A RESPONSABILIDADE DO "DIREITO BOLSONARISTA" PELO 8 DE JANEIRO? – PRECISAMOS REFLETIR SOBRE O PAPEL DE JURISTAS AUTORITÁRIOS NO FOMENTO A GOLPES

JOSÉ VICENTE SANTOS DE MENDONÇA

Que o papel aceita qualquer argumento jurídico é da natureza tanto do direito quanto do papel. Também não espanta ninguém que qualquer governo, por pior que seja, conte com juristas de estimação. Em regra, trata-se de mistura de autointeresse, autoengano, e, às vezes, daquele ar de antagonismo, que, necessário em certos casos, em outros vira puro espírito de porco. De igual modo, juristas também podem ser rápidos na mudança de posição: o centrista de ontem vira o liberal de hoje e poderá se tornar o progressista de amanhã. É do jogo.

A história traz exemplos de tudo isso. Positivismo e antipositivismo funcionam ora na chave liberal, ora na antiliberal. "O juiz deve libertar-se da escravidão do direito positivo". Parece frase inofensiva de professor de sociologia jurídica – é trecho de sentença nazista.[1] Para continuar no exemplo do nazismo, muitos publicistas germânicos, com destaque para Carl Schmitt, aderiram ao regime, e, na queda, reinventaram-se. Rodrigo Valadão, especialista no tema, é taxativo: "A maior parte dos juristas responsáveis pela edificação da Nova República eram exatamente os mesmos que manifestaram irrestrito apoio ao regime nazista".[2]

---

1 MAUS, Ingeborg. *O Judiciário como superego da sociedade*: o papel da atividade jurisprudencial na "sociedade órfã". *Novos Estudos Cebrap*, n. 58. p. 194.

2 VALADÃO, Rodrigo. *Positivismo jurídico e nazismo*: formação, superação e refutação da lenda do positivismo. São Paulo: Contracorrente, 2020.

Mas foquemos em nossos dramas bananeiros. Pois bem: não é exagero afirmar que, durante o governo Bolsonaro, formou-se um arremedo de direito bolsonarista. Entre *lives*, livros, artigos, pareceres e *posts*, o *corpus iuris bolsonarium* advogou uma exegese autoritária do direito público, focada na transcendência da figura do chefe do Executivo. Todos os poderes dever-lhe-iam submissão, eis que sua legitimidade decorria tanto do pleito popular quanto, sobretudo, de sua adesão/acesso imediato ao espírito das "pessoas de bem". O papel do direito era triplo: (i) blindar a autoridade, sempre às voltas, segundo a narrativa, com a perseguição de uma institucionalidade capturada pelo inimigo; (ii) viabilizar ataques – por exemplo, por meio do manejo da relação de sujeição especial de direito administrativo contra professores universitários; (iii) fornecer argumentos de combate na guerra cultural (*v.g.*, Forças Armadas não são um elemento de defesa da soberania, mas um "poder moderador").

Ora: se ideias têm consequências, consequências também têm idealizadores. Vejamos então estes. Qual será a responsabilidade dos juristas bolsonaristas quando – como foi o caso anteontem – uma interpretação absurda do art. 142 da Constituição da República, por eles construída e professada como argumento de fé, serve como *leitmotiv* explícito para uma tentativa de golpe? Não se trata de criminalizar opiniões, tampouco de impedir que pessoas possam mudar de ideias (é bom que, estando erradas, façam-no). Pergunto-me sobre a responsabilidade no plano moral: o jurista bolsonarista autoritário vai sair dessa com a cara limpa? Vai voltar à fantasia de *paterfamilias* moderadão? Enquanto o Brasil queima, o antiliberal militante já está podendo pagar de bonito no clubinho dos juristas? Cartas para a redação.

Informação bibliográfica deste texto, conforme a NBR 6023:2018 da Associação Brasileira de Normas Técnicas (ABNT):

MENDONÇA, José Vicente Santos de. Qual a responsabilidade do "direito bolsonarista" pelo 8 de janeiro? – Precisamos refletir sobre o papel de juristas autoritários no fomento a golpes. *In*: SUNDFELD, Carlos Ari; JORDÃO, Eduardo; MOREIRA, Egon Bockmann; MARQUES NETO, Floriano de Azevedo; BINENBOJM, Gustavo; MENDONÇA, José Vicente Santos de; CÂMARA, Jacintho Arruda; JUSTEN FILHO, Marçal; PRADO, Mariana Mota; MONTEIRO, Vera. *Publicistas*: direito administrativo sob tensão. Belo Horizonte: Fórum, 2023. v. 2. p. 209-210. ISBN 978-65-5518-591-1.

O ENCONTRO DE CONTAS DE BOLSONARO COM O DIREITO – PUNIR PARA PREVENIR

EDUARDO JORDÃO

Especialistas são unânimes em ressaltar a importância de implementação de uma "justiça de transição" para apurar e decretar responsabilidades de agentes públicos, na sequência de períodos históricos marcados por relevantes violações a direitos humanos e abalos institucionais e democráticos.

Estudos empíricos indicam forte correlação entre a ausência (ou a fragilidade) de tais medidas e o volume de violações a direitos humanos nas décadas seguintes ao período traumático. A tese, intuitiva, é a de que a falha em punir atentados passados termina por encorajar que eles se repitam. É nessa linha que se lamenta a ampla anistia concedida, no Brasil, aos agentes responsáveis pelas violações realizadas durante o regime militar iniciado em 1964 e terminado duas décadas depois.

A ascensão de Jair Bolsonaro ao poder e a sua atuação no governo é mais um indício da correção das teses acadêmicas que abrem este texto. A sua queda é uma nova oportunidade para que o Brasil faça um encontro de contas com o seu passado. O pós-Bolsonaro exige a implementação de medidas judiciais contundentes de responsabilização de um governante desatinado, que desprezou o direito e as instituições.

Todos os aspectos da tragédia nacional dos últimos quatro anos transformam-se em incentivos para uma reação. A vitória apertada obtida pelo futuro presidente Lula serve como alerta para a magnitude do risco a que estivemos expostos; margem mais ampla poderia passar a impressão de que ele não teria sido tão grave. O teste de estresse quase diuturno a que submeteu as instituições responsáveis por conter os seus excessos, bem como as provocações e ameaças pessoais que Bolsonaro e o seu entorno impunham à quase totalidade de seus membros, pode produzir o estímulo visceral necessário para que agentes tão inclinados a "deixa disso" façam, enfim, questão de agir com rigor. A destruição de ambientes familiares antes pacíficos e o espetáculo grotesco de múltipla exposição de seus seguidores ao ridículo, nos dias seguintes da decretação da derrota, forma o componente de preocupação humanística com a sanidade de nosso povo, tão afetada pela rede de mentiras do incumbente.

Nos últimos anos, por incontáveis vezes as nossas instituições falharam em barrar desvarios do presidente, ou agiram apenas na exata medida para evitar as suas consequências mais graves. Mas a apreensão realista das coisas impõe mesmo admitir que, a despeito da clareza e do volume dos crimes perpetrados, a responsabilização de governantes encontra uma série de dificuldades enquanto eles ainda estão no poder. A sua derrota nas urnas, no entanto, ao mesmo tempo em que oferece nova ocasião para colocá-lo frente a frente com o direito, enfraquece as razões para não o fazer.

Como o Brasil responderá à longa lista de abusos e agressões de Bolsonaro? É esta resposta que definirá a probabilidade de voltarmos a lidar com figuras semelhantes a ele no futuro.

Informação bibliográfica deste texto, conforme a NBR 6023:2018 da Associação Brasileira de Normas Técnicas (ABNT):

JORDÃO, Eduardo. O encontro de contas de Bolsonaro com o direito – Punir para prevenir. *In*: SUNDFELD, Carlos Ari; JORDÃO, Eduardo; MOREIRA, Egon Bockmann; MARQUES NETO, Floriano de Azevedo; BINENBOJM, Gustavo; MENDONÇA, José Vicente Santos de; CÂMARA, Jacintho Arruda; JUSTEN FILHO, Marçal; PRADO, Mariana Mota; MONTEIRO, Vera. *Publicistas*: direito administrativo sob tensão. Belo Horizonte: Fórum, 2023. v. 2. p. 211-212. ISBN 978-65-5518-591-1.

PARTE XVII

DIREITO ADMINISTRATIVO NA ACADEMIA

DANIEL KAHNEMAN, A ACADEMIA E A PRÁTICA JURÍDICA – O QUANTO OS JURISTAS ESTÃO DISPOSTOS A RECONHECER E A APRENDER COM SEUS ERROS?

GUSTAVO BINENBOJM

Adam Grant, no aclamado livro *Pense de novo: o poder de saber o que você não sabe*, mostra que, num mundo freneticamente cambiante, tão importante quanto pensar e aprender, é repensar e desaprender. No entanto, nossa inclinação natural prefere o conforto dos que militam na mesma convicção à dissidência qualificada que nos refinaria o pensamento. Em pouco tempo, a autoridade acadêmica enferruja os parafusos do intelecto, fazendo sedentários os que antes se exercitavam nas idas e vindas do ato de pensar. Acabamos mais como pregadores de crenças sagradas do que como pesquisadores em busca da verdade. Mais que isso: associamos o erro a uma derrota pessoal, quase uma falha de caráter a ser escamoteada.

Mas aprender algo relevante pressupõe o erro. Não apenas o erro alheio, mas sobretudo os nossos próprios. É conhecida a história contada por Adam Grant: ao final de uma palestra sua, procurou-o Daniel Kahneman, prêmio Nobel de economia de 2002, dizendo: "Foi maravilhoso! Eu estava errado!". Perguntado sobre o que exatamente queria dizer, Kahneman esclareceu: "As pessoas normalmente não gostam de estar erradas, mas eu gosto. Porque, a partir de agora, estou menos errado do que antes!". Essa frase costuma ser citada como exemplo da honestidade intelectual de Kahneman. Mas ela carrega consigo algo maior. Só quem reconhece os erros é capaz de enxergar os próprios vieses e ampliar os limites estreitos do ponto de onde observa o mundo. O compromisso com o erro é uma prisão. Reconhecê-lo e desaprendê-lo, uma libertação.

A forma de constituição do conhecimento jurídico é pouco propensa ao reconhecimento do erro. Formados para disputas adversariais, fomos ensinados que estar certos é vencer, e reconhecer o erro é conceder. Outra dificuldade tem que ver com a circunstância de que o direito não é uma ciência descritiva, de modo que as hipóteses cogitadas pelos juristas não são refutáveis pelo confronto com a realidade. Por fim, as teses estabelecidas envolvem um aspecto de poder geracional, normalmente defendido ardorosamente por todos os que desfrutam de suas benesses. Além de inúteis, considero os congressos em que todos concordam com todos tediosos e entediantes. Uma espécie de ode a erros inquestionáveis.

Criar incentivos premiais ao reconhecimento do erro é um dos caminhos promissores para alterar esse estado de coisas. Se as idealizações românticas sobre a atuação dos operadores do direito e as suas instituições forem superadas, análises contextuais mais realistas apontarão para soluções mais justas e eficientes. Isso requer, na academia, ensinar com desassombro que a construção do direito envolve tentativas e erros, o que pressupõe reconhecê-los com integridade para poder corrigi-los sempre que possível. E, na prática jurídica, entender que saber é poder, mas que aprender com os erros é a verdadeira sabedoria. Essa é, afinal, a própria história da nossa profissão, uma curiosa tradição constituída de adaptações, correções de rumo e mudanças incrementais através dos tempos.

Informação bibliográfica deste texto, conforme a NBR 6023:2018 da Associação Brasileira de Normas Técnicas (ABNT):

BINENBOJM, Gustavo. Daniel Kahneman, a academia e a prática jurídica – O quanto os juristas estão dispostos a reconhecer e a aprender com seus erros?. *In*: SUNDFELD, Carlos Ari; JORDÃO, Eduardo; MOREIRA, Egon Bockmann; MARQUES NETO, Floriano de Azevedo; BINENBOJM, Gustavo; MENDONÇA, José Vicente Santos de; CÂMARA, Jacintho Arruda; JUSTEN FILHO, Marçal; PRADO, Mariana Mota; MONTEIRO, Vera. *Publicistas*: direito administrativo sob tensão. Belo Horizonte: Fórum, 2023. v. 2. p. 215-216. ISBN 978-65-5518-591-1.

A IGNORÂNCIA GERA MAIS AUTOCONFIANÇA DO QUE O CONHECIMENTO – O PROBLEMA AFETA A VIDA ACADÊMICA E TAMBÉM A CONVIVÊNCIA DEMOCRÁTICA

MARÇAL JUSTEN FILHO

Estudos indicam que as pessoas destituídas de conhecimento tendem a desconsiderar as próprias limitações. A ignorância produz desempenho pífio, mas o agente é incapaz de reconhecer as suas falhas. Indagado sobre a sua atuação, o sujeito afirma a sua própria excelência. Limitado quanto ao conhecimento, também carece de sabedoria. Revolta-se contra críticas.

Essa tese ficou conhecida como *efeito Dunning-Kruger*, baseada em estudo de dois professores da Universidade de Cornell. O trabalho refletiu a experiência do magistério. Os autores observaram que os alunos com pior desempenho usualmente afirmam-se injustiçados, reputando serem titulares de conhecimento satisfatório sobre os conteúdos. Já os melhores alunos apresentavam um juízo crítico quanto à própria atuação.

É problemático generalizar a aplicação do efeito Dunning-Kruger a todos os campos da existência humana. Isso exigiria estudos mais aprofundados.

Mas não é despropositado argumentar que a ignorância afeta a autoavaliação das pessoas. Seja no âmbito acadêmico, seja fora dele. Isso se torna mais evidente com o amplo acesso às redes sociais.

É usual pessoas destituídas de conhecimento sobre um tema especializado manifestarem opiniões subjetivas, sem fundamento lógico ou respaldo científico. O sujeito é incapaz de distinguir a tecnologia 5G da 4G, mas não tem constrangimento em defender que aquela é um veículo para eliminação da autonomia individual. A convicção pessoal torna-se o critério de certeza objetiva. Há casos em que a pessoa está disposta a morrer (e a matar) por essas convicções arbitrárias. Os exemplos estão na nossa vida cotidiana.

Esse tipo de meditação reflete usualmente a pressuposição de que o efeito Dunning-Kruger se verifica apenas em relação a sujeitos simplórios, que não integram as "elites" e que seriam intelectualmente "inferiores". Isso é um equívoco.

Quantas vezes presenciei pessoas qualificadas e com ótima reputação formularem juízos equivocados sobre temas que desconheciam! A vida acadêmica é repleta dessas experiências. E a vida profissional do direito, igualmente. A aprovação em concurso público ou no exame da Ordem ou a investidura em tribunal não é garantia da ausência da ignorância. Ninguém sabe tudo sobre tudo.

Nesses dias, há um espetáculo contínuo da exposição ilimitada da ignorância. Duvidar de si mesmo parece ter-se tornado uma falha de caráter.

A humildade é fundamental para a sabedoria. Mas é também essencial para democracia. O combate à ignorância – e ao fanatismo dele resultante – não é uma questão puramente individual, nem é relevante apenas no âmbito privado. A experiência democrática pressupõe a autocontenção, o reconhecimento dos limites individuais e o respeito à opinião alheia. Reconhecer que, talvez, não estejamos certos é imprescindível. O fascismo se alimenta das certezas absolutas, de ausência de dúvidas.

Informação bibliográfica deste texto, conforme a NBR 6023:2018 da Associação Brasileira de Normas Técnicas (ABNT):

JUSTEN FILHO, Marçal. A ignorância gera mais autoconfiança do que o conhecimento – O problema afeta a vida acadêmica e também a convivência democrática. *In*: SUNDFELD, Carlos Ari; JORDÃO, Eduardo; MOREIRA, Egon Bockmann; MARQUES NETO, Floriano de Azevedo; BINENBOJM, Gustavo; MENDONÇA, José Vicente Santos de; CÂMARA, Jacintho Arruda; JUSTEN FILHO, Marçal; PRADO, Mariana Mota; MONTEIRO, Vera. *Publicistas*: direito administrativo sob tensão. Belo Horizonte: Fórum, 2023. v. 2. p. 217-218. ISBN 978-65-5518-591-1.

O VALOR DO DIÁLOGO ACADÊMICO – COMO BACHA E ARIDA QUALIFICARAM MINHA DEFESA DO UNIVERSALISMO PARA O DIREITO PÚBLICO BRASILEIRO

CARLOS ARI SUNDFELD

Em artigo para o *blog Fumus Boni Juris*, de *O Globo*, expus uma visão geral para orientar a construção das futuras normas e medidas de direito público. A meu ver, elas devem, primeiro, assumir o ônus permanente de provar sua necessidade e adequação; segundo, ser o mais possível universais; terceiro, ser o menos possível inseridas na Constituição.

No primeiro ponto, critiquei políticas públicas improvisadas, que se fundamentem em princípios de autoridade (como a "supremacia do interesse público") ou se mantenham por simples inércia. Defendi a necessidade de fundamentações técnicas, prazo certo para a duração das políticas, avaliação independente e sujeição a revisões obrigatórias e constantes.

Quanto ao universalismo, minha preocupação foi com o risco de grupos poderosos ou barulhentos conseguirem privilégios por meio de exceções, isenções ou benefícios especiais.

Por fim, argumentei que a ampliação descontrolada da Constituição afeta a democracia, pois dificulta os câmbios de regras quando das alternâncias eleitorais. E traz rigidez jurídica, diminuindo a evolução das políticas públicas.

Essas ideias abriram a porta para um interessante diálogo com colegas muito qualificados.

O economista Edmar Bacha apontou para a dificuldade da postura universalista na sociedade brasileira. Sua preocupação é como pôr em prática o princípio constitucional da universalidade na provisão de serviços púbicos básicos. Perguntou: "Como, numa sociedade tão desigual como a nossa, favorecer políticas públicas universais com a necessidade de elas serem bem focadas?". Citou o exemplo das bem sucedidas cotas e lembrou do dilema de optar entre a renda básica universal e o bolsa-família. Por fim, reportando-se a seu livro com Simon Schwartzman, *Brasil: uma nova agenda social* (2011), arrematou: "a equidade se impõe como princípio norteador básico para alcançar a universalidade na provisão de bens públicos, numa sociedade tão desigual como a brasileira".

Entrando no diálogo, o economista Persio Arida acrescentou: "Uma das grandes vantagens do universalismo como princípio, além de ajudar na autocontenção do Estado, bem enfatizada no seu primeiro ponto, é deslocar o ônus da prova para quem defende um tratamento privilegiado. No caso dos despossuídos, há uma razão ética a justificar uma rede de proteção social financiada pelo dinheiro dos contribuintes; o ônus da prova se limita a adequar o gasto às possibilidades orçamentárias. Mas, no caso de estamentos burocráticos, políticas industriais ou isenções tarifárias, o ônus da prova, além do componente ético, que quase sempre sopra na direção do universalismo, consiste em provar que o bem-estar da sociedade aumenta tirando dinheiro de todos para beneficiar alguns".

Com essas ótimas ponderações, o universalismo se fortaleceu entre meus critérios para o direito público. Há bons guias para lidar com *lobbies* e deter a bola de neve de "regimes especiais". E tive a prova, mais uma vez, do enorme valor da troca acadêmica aberta e generosa.

Informação bibliográfica deste texto, conforme a NBR 6023:2018 da Associação Brasileira de Normas Técnicas (ABNT):

SUNDFELD, Carlos Ari. O valor do diálogo acadêmico – Como Bacha e Arida qualificaram minha defesa do universalismo para o direito público brasileiro. *In*: SUNDFELD, Carlos Ari; JORDÃO, Eduardo; MOREIRA, Egon Bockmann; MARQUES NETO, Floriano de Azevedo; BINENBOJM, Gustavo; MENDONÇA, José Vicente Santos de; CÂMARA, Jacintho Arruda; JUSTEN FILHO, Marçal; PRADO, Mariana Mota; MONTEIRO, Vera. *Publicistas*: direito administrativo sob tensão. Belo Horizonte: Fórum, 2023. v. 2. p. 219-220. ISBN 978-65-5518-591-1.

NO ZAPZAP COM O VISCONDE DO URUGUAI – UMA CONVERSA SOBRE DIREITO ADMINISTRATIVO, INSTITUCIONALIDADE E SEGURANÇA JURÍDICA

JOSÉ VICENTE SANTOS DE MENDONÇA

Quem bateu papo comigo essa semana no Zap foi Paulino José Soares de Souza, o Visconde do Uruguai (1807-1866). Um jurista conservador que de bobo não tem nada.

JV: Bom dia, Conselheiro. No Brasil de hoje, vê-se risco de que o direito administrativo seja usado na reversão de direitos. Qual é o papel do direito administrativo na garantia da institucionalidade?

V: A organisação administrativa, a sua hierachia nas administrações centralisadas, as regras pelas quaes se rege, o exame, a discussão, o conselho, as tradições, os recursos, a publicidade, são garantias que obstão ao arbitrario, cujos saltos, por cima de tantas barreiras, quantas lhe oppuzer uma organisação administrativa perfeita, completa e previdente, darão mais nos olhos de todos.

JV: Pensando numa perspectiva macro, de politização excessiva da administração...

V: A tentação he frequente e frequentemente os governos sacrificao considerações e vistas administrativas importantes a conveniencias pessoaes e politicas passageiras. A administração torna-se o vasto campo dos favores, e o meio de procurar e firmar apoio politico, ás vezes momentaneo, com grande prejuizo dos serviços administrativos, e ás vezes com grande desmoralisação.

JV: Sem falar na questão da instabilidade, das mudanças a cada governo.

V: He assim que somos administrados! A cada mudança tudo fica suspenso, posto em duvida, para começar a ser examinado de novo, com grande desanimo, desespero, e prejuizo das partes. O administrador que começava a tomar pé nos negocios da Provincia he mudado, leva com sigo o que a custo aprendeu, e ahi vem outro, o qual, apenas concluidas as primeiras apalpadelas, he tambem mudado.

JV: Terrível!

V: O unico efficaz que póde ter encontra-se na separação pratica possivel, entre o que he politico e administrativo.

JV: Mas também não há risco de cairmos no contrário, na tecnoburocracia? Faz sentido separar por inteiro direito administrativo e direito constitucional?

V: Seaparar completamente o Direito administrativo do constitucional, diz Laferrière, fôra tirar-lhe a sua razão de existencia. He por isso que varias providencias legislativas na França, sobre o ensino do Direito Administrativo, e varios escriptores tem entendido que não se póde ensinar e estudar esse Direito, sem comprehender maior ou menor numero de noções do constitucional e politico.

JV: Voltando ao assunto da governança, temos que lembrar que existe a liberdade política.

V: Convenci-me ainda mais de que se a liberdade politica he essencial para a felicidade de uma Nação, boas instituições administrativas apropriadas ás suas circumstancias, e convenientemente desenvolvidas não são o menos. Aquellas sem estas não póde produzir bons resultados.

JV: Tudo isso requer esforço.

V: He preciso pensar, meditar, trabalhar sériamente para melhorarmos as nossas instituições e estado.

JV: Muito obrigado, Visconde.

(As frases são do *Ensaio sobre o direito administrativo*, Typographia Nacional, 1862. Durante um bom tempo, o mais importante livro do assunto.)

Informação bibliográfica deste texto, conforme a NBR 6023:2018 da Associação Brasileira de Normas Técnicas (ABNT):

MENDONÇA, José Vicente Santos de. No ZapZap com o Visconde do Uruguai – Uma conversa sobre direito administrativo, institucionalidade e segurança jurídica. *In*: SUNDFELD, Carlos Ari; JORDÃO, Eduardo; MOREIRA, Egon Bockmann; MARQUES NETO, Floriano de Azevedo; BINENBOJM, Gustavo; MENDONÇA, José Vicente Santos de; CÂMARA, Jacintho Arruda; JUSTEN FILHO, Marçal; PRADO, Mariana Mota; MONTEIRO, Vera. *Publicistas*: direito administrativo sob tensão. Belo Horizonte: Fórum, 2023. v. 2. p. 221-222. ISBN 978-65-5518-591-1.

O QUE FAZER EM 2022 COMO PROFESSOR DE DIREITO ADMINISTRATIVO? – MINHA PROPOSTA É OLHAR COM SINCERIDADE PARA O BRASIL E PARA OS ALUNOS

CARLOS ARI SUNDFELD

Minha carreira de professor começou em 1983 e nunca foi interrompida. Neste janeiro, quebro a cabeça para montar meu 40º ano acadêmico (que loucura!). Experimentação cheia de dúvidas, em que uso minha experiência de sucessos e, sobretudo, fracassos.

Começo com o que não quero fazer.

Nada parecido com o ano anterior. Nos primeiros anos, dei aulas (também) em cursinhos e, tentando atender a expectativas, reproduzi aulas. Cruz credo. Na faculdade menos – mas fiz, confesso, porque havia o tal programa oficial. Um vício, *crack* acadêmico. Felizmente consegui parar. Valeu o mantra que ouvi no rádio: nunca (nunca!) faça o mesmo caminho; varie, arrisque o desconhecido, ainda que demore mais. Gostei e sigo o conselho, no trânsito e nas aulas. Nunca me arrependi. Nas aulas de pós-graduação, em que a literatura é central, não tento extrair suco de texto espremido no ano anterior; dá azedo. A meta para 2022 é, mais uma vez, inventar um curso com jeitos e textos que não sei quais são.

Não vou fazer exposições de mais de 15 minutos. Nem minha mãe me aguenta por mais tempo. Explicações podem ajudar iniciantes, mas têm de ser pontuais, curtas. Aula não é conferência (que só interessa a intelectuais, e por escrito). Nada de sutilezas do conceito de ato administrativo, regrinhas da Lei de Licitação ou, pior, novidades da previdência dos servidores. Para isso existem manuais e textos normativos – e, felizmente, universitários sabem ler.

Conto agora o que imagino fazer.

Para preparação prévia, indicar artigos, decisões e vídeos com problemas bem atuais do direito administrativo e da gestão pública. Aulas supõem concretude. Elas servem para conversar, não para monologar. Não há diálogo possível sobre abstrações que nada têm a ver com os alunos. O curso é para eles, não para mim.

Vou pedir para eles escreverem textos de 3 mil caracteres (padrão da Coluna *Publicistas* do *Jota*). Fazer sínteses por escrito é ótimo para focar, entender e aprender a pensar. Nas aulas, funciona ler em voz alta um ou dois desses textos (sem o nome dos autores), forçando todos a dar palpites de forma e conteúdo. No começo é constrangedor, as ruindades dos textos ficam aparentes (mesmo dos alunos aplicados). Mas a turma evolui rapidamente, vai perdendo os vícios forenses e passa a gostar demais do exercício.

Vou me inspirar no brasileirismo radical de Ariano Suassuna. Mesmo sendo intelectual de cultura universal, antenado com as novidades do mundo e divertidamente inteligente, ele adorava se fazer de provinciano para cobrar, de si e dos outros, um olhar sincero para os problemas do Brasil. Como professor de direito administrativo, tento aplicar meu tempo me impacientando com nossos próprios atrasos, não com as genialidades (reais ou supostas) das academias de gringos que nem sabem que existimos.

E, principalmente, *vou convencer alguém bem mais jovem a me orientar na invenção dos cursos.* Aí eu me entusiasmo, os alunos percebem a vibração e vamos interagindo na tentativa de aprender em conjunto.

Informação bibliográfica deste texto, conforme a NBR 6023:2018 da Associação Brasileira de Normas Técnicas (ABNT):

SUNDFELD, Carlos Ari. O que fazer em 2022 como professor de direito administrativo? – Minha proposta é olhar com sinceridade para o Brasil e para os alunos. *In*: SUNDFELD, Carlos Ari; JORDÃO, Eduardo; MOREIRA, Egon Bockmann; MARQUES NETO, Floriano de Azevedo; BINENBOJM, Gustavo; MENDONÇA, José Vicente Santos de; CÂMARA, Jacintho Arruda; JUSTEN FILHO, Marçal; PRADO, Mariana Mota; MONTEIRO, Vera. *Publicistas*: direito administrativo sob tensão. Belo Horizonte: Fórum, 2023. v. 2. p. 223-224. ISBN 978-65-5518-591-1.

Esta obra foi composta em fonte Palatino Linotype, corpo 10
e impressa em papel Pólen Bold 70g (miolo) e Supremo 250g (capa)
pela Gráfica Formato, em Belo Horizonte/MG.